LA VIEILLE DAME L'ARCHÉOLOGUE ET LE CHANOINE

LA SAGA DE DOLLARD DES ORMEAUX

Chère Denise,
Une page de
notre histoire à vivre
et à raconter
Amitié
Jean Laporte

Données de catalogage avant publication (Canada)

Laporte, Jean (1952-   )
    La Vieille Dame, l'archéologue et le chanoine :
    la saga de Dollard des Ormeaux

Comprend des références bibliographiques et un index.
ISBN 2-921643-10-5

1. Dollard des Ormeaux, Expédition de, 1660.
2. Canada — Histoire — Jusqu'en 1663 (Nouvelle-France).
3. Lee, Thomas E., 1914-1982.
4. Groulx, Lionel, 1878-1967.   I. Titre

FC349.L65L36 1995   971.01'62   C95-900903-5
F1030.L36 1995

Couverture : illustration de Christian Quesnel
Préparation de la copie et mise en page : Paul-François Sylvestre
Révision : Jacques Côté

L'Interligne remercie de leur appui le Conseil des Arts du Canada
et la Fondation du patrimoine ontarien, organisme relevant du
ministère des Affaires civiques, de la Culture et des Loisirs, qui
a contribué au financement de cet essai par l'entremise d'une
subvention de la catégorie *Ouvrage primé, patrimoine ontarien*.

Les Éditions L'Interligne
282, rue Dupuis, bureau 202
Vanier (Ontario) K1L 7H9

ISBN 2-921463-10-5

LA VIEILLE DAME L'ARCHÉOLOGUE ET LE CHANOINE

LA SAGA DE DOLLARD DES ORMEAUX

LES ÉDITIONS
L'INTERLIGNE

JEAN LAPORTE

SIGLES

ACJC : Association catholique des jeunesses canadiennes-françaises

CCF : *Co-operative Commonwealth Federation*

CMSHC : Commission des monuments et sites historiques du Canada

CMSHO : Commission des monuments et sites historiques de l'Ontario

CMSHQ : Commission des monuments et sites historiques du Québec

CRCCF : Centre de recherche en civilisation canadienne-française de l'Université d'Ottawa

CRLG : Centre de recherche Lionel-Groulx

FLQ : Front de libération du Québec

RHAF : *Revue d'histoire de l'Amérique française*

SSJBO : Société Saint-Jean-Baptiste de l'Ontario

L'anecdote historique contemporaine ressemble à une pièce de théâtre qui se déroule à perpétuité derrière une massive porte de bois, merveilleusement sculptée de milliers d'arabesques. Verrouillée à double tour, elle laisse toutefois échapper une lumière et des sons par le trou de sa serrure. L'étudiant avisé s'accroupit, regarde d'un œil par l'orifice et, de jeu, établit une complicité avec les ombres qui s'offrent à sa vue. Peu à peu le présent et le passé s'entremêlent, pour ne plus faire qu'un, et renvoient irrémédiablement l'historien à son destin.

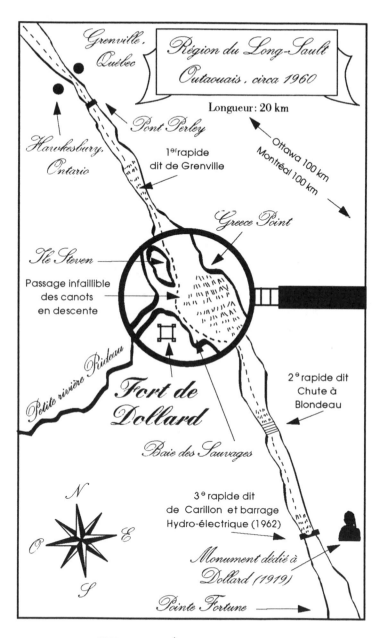

Grenville, Québec

Région du Long-Sault
Outaouais, circa 1960

Longueur : 20 km

Pont Perley

1ᵉʳ rapide
dit de Grenville

Hawkesbury, Ontario

Ottawa 100 km
Montréal 100 km

Greece Point

Île Steven

Passage infaillible
des canots
en descente

Petite rivière Rideau

Fort de Dollard

2ᵉ rapide dit
Chute à
Blondeau

Baie des Sauvages

N
O   E
S

3ᵉ rapide dit
de Carillon et barrage
Hydro-électrique (1962)

Monument dédié à
Dollard (1919)

Pointe Fortune

CARTE RECONSTITUÉE PAR CHRISTIAN QUESNEL

8

PROLOGUE

La promiscuité de notre enceinte fortifiée nous rappelait avec un certain dégoût la longue traversée de l'Atlantique. Nos blessés, par moments, gémissaient à fendre le cœur. Pourtant ceux de nos alliés indiens souffraient dans un silence que nous ne pouvions expliquer. Peut-être ces sauvages ne sentaient-ils pas la souffrance comme nous, Français ?

La méfiance entre nos deux groupes s'était estompée depuis la désertion de plus de vingt des leurs pendant la trêve. Du moins, j'ai de bons espoirs ; ceux qui demeurent se battront jusqu'à la fin s'il le faut. Je sais maintenant que je n'aurais pas dû parlementer avec nos ennemis, car ils en ont profité pour obtenir d'importants renforts venus de la rivière Richelieu. En contrepartie nous devions trouver prétexte afin de renforcer nos pauvres défenses et pourvoir à quelques ravitaillements en eau.

La soirée est fraîche et je permets que l'on brûle quelques brindilles pour nous revigorer. Les Indiens font bande à part, assis selon leur coutume. Je veille à ce que les vigies soient assurées et m'assoupis pour un court moment à proximité du feu.

Au loin, les cris guerriers de nos assiégeants se mêlent au sourd grondement du rapide du Long-Sault. Tavernier, qui faisait bon usage de sa portion d'eau-de-vie, se met alors à chanter un air des vieux pays. La vigie, qui se doit d'être à l'écoute des moindres bruits suspects, l'interpelle.

— Alors, Tavernier, tu te la boucles, ou préfères-tu notre mort avant même d'avoir combattu ?

Tavernier maugrée et gesticule par dérision envers son compagnon qu'il sait avoir raison. Il se traîne alors vers moi et colle son visage près du mien. Son front perlé de sueurs froides me renvoie les derniers reflets du feu mourant. Je peux alors déceler chez lui une profonde peine. Me viennent alors à l'esprit des confidences soutirées à cet homme simple et honnête, qui a dû quitter femme et enfants pour cette expédition à la défense de Ville-Marie.

— Dis-moi, Daullac, * lorsque l'on ne peut plus chanter, c'est que la mort nous guette... dis ?

Je le repoussai gentiment de la main :

— Allez, Tavernier, repose-toi et garde tes chants pour la victoire.

Il se roule alors dans un rire sourd et troublé, se redresse et soudainement dans un instant d'accalmie me répond.

— Victoire, je n'ai que faire d'une victoire dans ce pays trop grand. Dis, Desormeaux, qu'est-ce que tu as fait au Roi pour qu'il t'envoie dans ce trou maudit ?

Tavernier n'attend pas la réponse et s'assoupit sous sa couverture à moitié tirée. Je m'endors la peine à l'âme, dans la froidure du printemps de ce continent nouveau.

Le jour est à peine levé que nous sommes attaqués de plein fouet par l'ennemi. Il était parvenu pendant la nuit à

---

* N   France.
Da **Erratum:** page 10 --L'orthographe d'Adam
     Dollard, sieur des Ormeaux, a souvent varié
     dans les récits. Dans l'acte de décès,
     l'appellation Adam Daulat est utilisée.

faire une brèche importante dans notre troisième palissade formée de divers pieux entrelacés de vignes et autres branchages. Cet élément défensif devait retarder suffisamment une attaque pour nous laisser le temps d'une riposte convenable.

Plusieurs des guerriers Agniers sont déjà à démolir notre protection principale formée d'une double palissade, entre lesquelles palissades nous avions entassé de la terre à hauteur d'homme. Nos meurtrières sont inefficaces et nous ne pouvons mettre en joue les intrus. Les quelques braves qui se pointent au-dessus de la palissade sont aussitôt abattus par les tireurs d'élite du camp adverse.

Alors, en cause de désespoir, je décide de lancer sur nos agresseurs un barillet de poudre afin qu'il explose parmi eux. Dans l'épaisse fumée que crachent les mousquets et qui envahit le champ de bataille, j'ai peine à discerner les combattants, et de toutes mes forces restantes, je lance ce qui constitue notre dernier espoir de renverser l'issue de la bataille. Mal m'est venu lorsque le projectile se heurte à la branche d'un arbre qui, dans notre construction hâtive du fortin, a servi de point d'attache à notre frêle palissade. Le barillet armé tombe trop près de notre palissade principale et l'éventre sans ménagement.

L'ennemi se rue alors à l'intérieur. Notre sort en est jeté.
— Seigneur Dieu, permettez-moi de mourir dignement malgré les tortures, et venez en aide à Monsieur de Maisonneuve ; il en aura besoin...

LE FORT DE DOLLARD
L'archéologue Thomas Lee a décrit une construction du type dit
de «gabions» avec une double rangée de poteaux espacés,
le tout rempli de terre à hauteur d'homme.

Chapitre premier

LA VIEILLE DAME

Montréal, le 18 février 1919

Monsieur Jean-Baptiste Lagacé
Président du Comité pour le monument de Dollard
Montréal

Cher monsieur,

Les ligueurs de l'Action française renouvelleront au printemps prochain leur pèlerinage au Long-Sault. L'année dernière, le jour même de notre manifestation, vous aviez émis le projet d'ériger prochainement, à Carillon, un monument commémoratif du glorieux fait d'armes. Ne croyez-vous pas que le temps est venu et que l'occasion serait opportune en mai prochain d'exécuter votre projet ? La fabrique de la paroisse de Carillon vient de mettre gracieusement un terrain à la disposition de votre comité. Et n'est-il pas naturel que l'hommage aux héros leur soit rendu tout d'abord aux lieux mêmes où ils sont tombés et qui doivent devenir un endroit de pèlerinages annuels ? Cette première fête ne sera que la préface de la plus grande fête de reconnaissance que vous préparez pour le printemps 1920, à Montréal, et ne pourra ce nous semble que servir vos entreprises d'alors.

Si ce projet vous agrée, cher Monsieur, l'Action française se fera un bonheur de se joindre à votre comité et de mettre à sa disposition toute son organisation et ses moyens de publicité, pour donner à la première fête Dollard le plus d'ampleur et de solennité possible.

Lionel Groulx, prêtre
Comité directeur de l'Action française [1]

Le mot d'ordre est lancé. Il n'en fallait pas plus pour que se mette en branle un impressionnant mécanisme de mise en œuvre. Sur la rive nord de l'Outaouais, jadis sur - nommée la Grande Rivière, dans la région du Long-Sault québécois [2], s'érige en toute hâte un monument à côté de la modeste église de la paroisse de Carillon [3], à laquelle il semble faire ombrage.

Au sommet de l'ouvrage du sculpteur Alfred Laliberté, trône solennellement une figure féminine, allégorie de la Nouvelle-France, drapée d'une couronne de feuilles d'érable et de chêne, le tout sur une pierre de granit d'environ quatre mètres de haut et avec, à sa base, la gravure en médaillon d'un beau et jeune homme aux cheveux amples et bouclés à l'allure tourmentée. Sur la pierre, on peut lire : *Ici ont généreusement donné leur vie pour la Nouvelle-France* ; suit la liste des dix-sept Français [*] morts en ce mois de mai 1660, avec en tête de liste le chef du com- mando venu de Ville-Marie, Dollard des Ormeaux.

LE RITE

En ce 24 mai 1919, tout est en place pour une céré- monie digne des grands rassemblements de la métropopole. La foule est dense et le large chapeau des dames présentes forme un semblant de tapis autour du monument à con- sacrer. Le notaire Victor Morin prend la parole au nom de la Société historique de Montréal et accueille pour le dévoi- lement une jeune fille du nom de Marie Juillet, descen- dante directe de Blaise Juillet, compagnon de Dollard mort noyé lors du premier départ du commando.

---

[*] Les compagnons de Dollard des Ormeaux étaient Christophe Augier, Jacques Boisseau, Jacques Brossier, François Crusson, René Doussin, Simon Grenet, Laurent Hébert, Nicolas Josselin, Robert Jurie, Jean Lecompte, Alonié de Lestres, Louis Martin, Étienne Robin, Jean Taver- nier, Nicolas Tillemont et Jean Valets, accompagnés du chef huron Anahotaha, du chef algonquin Mitiwenney et de quatre de ses guerriers.

14

DÉVOILEMENT DU MONUMENT, À CARILLON, LE 24 MAI 1919
Groulx lève le bras, l'index déployé, soulignant l'accord des cieux.

PARC LAFONTAINE, MONTRÉAL, MAI 1960
Dollard, l'ennemi du peuple, l'agent provocateur ? Quel revirement !

Les participants applaudissent avec vigueur les divers intervenants, conservant jalousement leur place, pour mieux voir et entendre l'un des orateurs à venir. Ce dernier est un prêtre et un historien, qui a réussi par la force de ses écrits et ses discours à redonner la fierté à son peuple. De ce talentueux orateur, l'on veut ressentir l'émotion forte que la souvenance d'événements glorieux apporte infailliblement.

Au nom de *l'Action française*, l'abbé Lionel Groulx est alors invité à prendre place sur le socle du monument. D'un tour de tête, son regard impose le silence nécessaire à un discours à l'air libre.

«Mesdames, Messieurs,
Depuis quelques heures que nous sommes ici, nous éprouvons ensemble la vertu particulière, excitatrice et magique, de ce coin de terre du Long-Sault. Des émanations d'héroïsme s'échappent du sol et flottent dans l'atmosphère ; des fantômes de beaux chevaliers, au visage clair, à l'épée triomphante, passent devant nos yeux. Et nous, de race française, nous avons le bonheur de nous retrouver, après trois siècles, parlant la même langue, gardant la même âme, continuant la même histoire, dans la fraternité de ces héros...»

Pendant que l'historien vedette poursuit sur son élan oratoire, l'on peut voir à l'arrière de la foule un photographe, perché pour l'occasion sur un échafaudage de fortune. Il attend, déclencheur en main, le moment propice pour capter la scène qui lui vaudra sa part de célébrité.

Lionel Groulx lève solennellement le bras, l'index déployé soulignant l'accord des cieux, et le photographe s'exécute. Il sait instinctivement que la photo qu'il vient de capter est précieuse. Qu'elle sera reproduite et propagée dans tous les coins du Canada français, qu'elle sera accrochée à côté de celle défraîchie de Wilfrid Laurier, ou encore mieux, la remplacera sur les murs des foyers canadiens-français. Il sait que l'intensité du moment résonnera dans le cœur d'une génération montante et jeune. Les temps ne sont-ils pas à la démesure ?

L'homme à la boîte noire jubile et ne remarque pas la présence d'une femme qui, voulant s'approprier une meilleure vue de la manifestation, s'est jointe à lui sur son perchoir improvisé.

ANNE DEWAR

Anne Forbes Dewar, ancienne résidente du village de St. Andrew, situé à quelques kilomètres à l'est de Carillon, apprenait il y a à peine quelques instants qu'un nombre inhabituel d'étrangers s'agglutinaient près de la petite église de Carillon. Intriguée et de surcroît en vacances, donc libre de son temps, elle s'y rend résolument malgré l'étroitesse du sinueux chemin et l'amoncellement des voitures garées, qui lui commande une longue marche. Arrivée sur place, Anne se hisse sur l'échafaudage du photographe, contemple la scène qui s'offre à elle et demeure ébahie devant son ampleur. L'apparition inattendue du monument adjacent à l'humble église dénote une hâte suspecte. Malgré sa connaissance élémentaire de la langue française, Anne a tôt fait de relever certains enjeux et elle devine maintenant la raison de cette cérémonie aux allures politico-religieuses. Mais il y a faute majeure à ces célébrations ! Le champ d'honneur des vaillants sauveurs de Ville-Marie n'est tout simplement pas à l'endroit désigné.

La tradition locale [4] était pourtant explicite sur le sujet. Le combat historique avait eu lieu huit kilomètres en amont sur le côté sud de la rivière des Outaouais, tout près de la petite rivière Rideau et de la Baie des Sauvages, à mi-chemin du tracé de trois rapides, dont le dernier vient s'éteindre ici à Carillon. Ce même rapide dont le grondement sourd et omniprésent semblait faire office de musique militaire à la cérémonie en cours.

Anne Forbes Dewar demeure muette devant la scène qui s'offre à elle. Ces gens, pour la plupart parfaitement étrangers à cette région, célébraient avec dévotion le début d'une fierté retrouvée. Quelle aberration ! On n'était pas au bon endroit ! Ne devrait-elle pas crier de toutes ses forces, avant que l'on s'égare indéfiniment, dans une illusion de certitude ? Rapidement, elle évalue ses émotions pour mieux réagir. Ses convictions intellectuelles, marquées par la primauté de la pensée libre et individuelle, lui interdisent la confrontation stérile issue d'une provocation improvisée. Le moment serait vraiment mal choisi.

Et que dire de l'absence des gens de sa communauté anglophone, à cette manifestation d'un fait historique local ? Cet oubli criant créait dans son esprit un vertige surréaliste. Les journaux anglophones n'avaient offert aucun signe des choses à venir. Était-ce l'illustration du gouffre des deux solitudes, phénomème qui la peinait si cruellement ?

Peu importe les raisons, la réalité de ce 24 mai 1919 imposait sa propre loi. Comment changer le cours des choses ? Comment faire marche arrière et, du même coup, reconnaître le véritable site du combat historique ?

La problématique lui commande une stratégie et une action de longue haleine. Soit ! L'important, c'est qu'Anne Forbes Dewar décida ce jour même de s'occuper personnellement de la question. Cette décision devait s'avérer le combat d'une vie. Qu'à cela ne tienne, Anne avait l'étoffe requise et dans les moments difficiles elle redoublerait d'efforts, comme son illustre ancêtre, Nathanael Hazard Treadwell, un des bâtisseurs-pionniers de la région du Long-Sault. L'histoire de cet homme, Anne la connaissait bien et il importe qu'on la raconte, pour donner tout son sens au combat solitaire des quarante prochaines années qu'Anne Dewar entreprend au nom de la vérité historique.

JE ME SOUVIENS...

Américain de Plattsburgh (New York), Nathanael Hazard Treadwell était un de ces hommes nouveaux que la déclaration d'indépendance des États-Unis avait affranchis de la peur qu'engendre l'injustice des régimes continentaux. À la recherche d'un défi à la mesure de ses ambitions, il se porte acquéreur, en 1796, de la seigneurie de L'Orignal constituée de plus de 23 000 acres de terre en amont du Long-Sault. Concédée en 1674 par la Compagnie des Indes orientales à François Prévost, compagnon d'armes de Frontenac et commandant de Montréal, elle demeure l'une des trois seigneuries de l'Ontario. Au grand dam de ses premiers propriétaires, l'exploitation de cette seigneurie de l'Outaouais sera grandement retardée par l'action des marchands de fourrures de Montréal qui voyaient d'un mauvais œil une colonisation sur les berges d'une de leurs principales voies d'approvisionnement. En 1778, elle devient la propriété par droit d'héritage de Joseph-Dominique-Emmanuel de Longueuil [5]. Ce dernier, anxieux à l'idée de ne pouvoir faire respecter ses droits seigneuriaux dans la nouvelle juridiction du Haut-Canada formée par l'Acte constitutionnel de 1791, se voit fort heureux d'en obtenir 1 000 guinées de Treadwell.

L'entreprenant Américain n'était pas dupe, mais plutôt confiant de conserver ses droits seigneuriaux par la force de la raison. Six mois plus tard, l'assemblée législative du

Haut-Canada adopte les lois anglaises pour sa section de la colonie, sans la moindre reconnaissance du système seigneurial. Alors débute pour le seigneur déchu un long et pénible plaidoyer auprès des dirigeants du régime, mieux connus sous le vocable dérisoire de *Family Compact* [6]. Treadwell fera valoir l'invalidité de la nouvelle législation puisque l'Empire britannique avait déjà reconnu les droits seigneuriaux sur tous les territoires découlant de la conquête. Ses plaidoyers seront nombreux, dispendieux et fastidieux. En plus de l'intransigeance marquée des dirigeants du Haut-Canada à son égard, Treadwell devra composer avec la suspicion et la jalousie des loyalistes et citoyens britanniques qui voient en lui la graine de révolutionnaire.

Un voisin, le colonel William Fortune, lui portera de graves accusations pour l'époque, soit de ne pas être un bon sujet de Sa Majesté le roi George, de ne pas être chrétien, voire de nier le Christ et de préférer les ouvrages de Tom Paine [7] à la sainte Bible.

Après huit années de démarches ardues, ponctuées de trois représentations humiliantes à Toronto, auprès de ces messieurs, Treadwell réussit péniblement à faire reconnaître ses droits de propriété sur une partie seulement de sa seigneurie. Ce recul l'obligera à dédommager plusieurs colons à qui il avait vendu des terres de bonne foi. Cette lutte ébranlera Treadwell qui, lors de la guerre de 1812, refusera l'allégeance à la Couronne et retournera vivre aux États-Unis. Il reviendra dans l'Outaouais vingt-huit ans plus tard, après que son fils Charles, à qui il avait légué la seigneurie, eut au préalable réussi à lui obtenir justice.

Comme si le combat et la ténacité étaient un trait de famille, Charles obtient la pleine reconnaissance de ses droits seigneuriaux en 1827 et, neuf ans plus tard, une compensation de 3 444 acres pour les torts et injustices que son père avait subis. Plusieurs de leurs descendants s'installeront au Long-Sault sur le côté québécois de la grande rivière, de Grenville à St. Andrew.

Nathanael Hazard Treadwell mourut en 1856, laissant le souvenir d'un précurseur de son époque. N'avait-il pas, au prix de fortes dépenses, ouvert des routes et construit des ponts pour les besoins des colons, alors que la norme des propriétaires terriens de l'époque se limitait à troquer avec les colons de façon à s'enrichir rapidement ? Ses contemporains lui reconnurent une générosité à la seule limite de ses moyens pécuniaires et on le décrivit, à sa mort, comme un gentilhomme avec l'endurance d'un bûcheron.

Anne Forbes Dewar admirait son illustre ancêtre et fit, dans les années 1930, avec certaines de ses cousines, un pèlerinage au pays de ce dernier [8]. Elle reconnut chez lui la même soif de justice et de vérité qui l'animait elle-même. La nature les avait tous deux dotés d'une ténacité à toute épreuve. C'est cette force de caractère qui permettra à Anne Dewar de soutenir un courageux plaidoyer qui aboutira à la découverte, telle qu'elle l'avait prédit, des vestiges et de l'emplacement du combat historique de Dollard des Ormeaux. Elle poursuivra ensuite pendant plus de dix ans la défense de la vérité, bafouée et écartée par des forces conservatrices, qui ne viendront pas à bout cependant de cette fière descendante de Nathanael Hazard Treadwell. On doit à l'intense dévouement d'Anne Dewar la mise à jour de l'un des plus beaux sites archéologiques de l'Amérique de Nord.

En 1930, Anne est âgée de 54 ans et elle travaille à la fonction publique, au Bureau des brevets et droits d'auteur à Ottawa. Elle ne s'est jamais mariée et consacre son temps à la recherche historique et à l'écriture. Jeune femme, elle avait étudié auprès de Cyrus Thomas [9] à son école privée de Carillon. Les enseignements de ce célèbre éducateur avaient été, pour elle et pour plusieurs de ses distingués compatriotes, un passeport à la démesure intellectuelle. Elle écrivit pour la radio plusieurs contes pour enfants, mais c'est le besoin de corriger l'erreur du site désigné du combat du Long-Sault qui demeurera sa constante préoccupation.

Membre et préposée aux recherches de la *Women's Historical Society of Ottawa*, elle réunit documents, témoignages et analyses et se fait remarquer auprès de ses consœurs lors de ses conférences sur l'emplacement véritable du combat du Long-Sault. Bien que ses collègues soient vivement intéressées par ses arguments, on lui laisse entendre qu'il ne serait pas sage de se mêler officiellement de cette affaire, surtout à une époque où se multiplient les pèlerinages solennels au site de Carillon par de nombreux groupes canadiens-français. Elle réussit néanmoins à y intéresser le doyen de l'archéologie dans l'Est du pays, le Dr W. J. Wintemberg, qui a mis au jour plusieurs importants sites iroquois et hurons. Sensibilisé au projet, il doit cependant se désister de cette mission, car sa santé est chancelante et l'heure de la retraite a sonné.

UN ALLIÉ

Lors de sa collaboration, en 1936, aux démarches préliminaires de fondation du Musée d'Argenteuil, Anne identifie une autre personne qui pourra l'assister dans son long périple.

À peine à 100 mètres du monument de Dollard à Carillon, s'érigent les anciens quartiers des officiers de l'armée britannique, responsables de la construction (1826 à 1833) du canal de Carillon. Durant les soulèvements de 1837, ces mêmes quartiers serviront de baraques aux régiments dépêchés pour écraser les Patriotes. À cause de sa richesse patrimoniale, l'imposant bâtiment de pierres est consacré musée et, pour l'occasion, une série de conférences est organisée par la Société historique d'Argenteuil. Le célèbre anthropologue et folkloriste du Musée national d'Ottawa, Marius Barbeau, est parmi les invités.

Anne obtient un tête-à-tête avec lui et réussit en peu de temps à le convaincre de l'assister dans ses démarches. Elle lui explique que, lors de sa récente visite à Midland (Ontario), elle a pu constater comment on avait corrigé une erreur de désignation du site d'habitation des jésuites de la Huronie et comment le site véritable était devenu riche en valeur historique. Le même scénario s'appliquerait au combat du Long-Sault et à l'erreur malencontreuse de sa localisation.

Pour obtenir l'attention des milieux spécialisés, on se devait en premier lieu de considérer l'aspect négligé de la tradition locale. Qui, mieux que Marius Barbeau, pourrait évaluer cette première prémisse ? Puis suivrait une seconde lecture des chroniques des contemporains de Dollard des Ormeaux et, peut-être, une fouille archéologique des sites identifiés.

Alors s'amorce, par l'entremise de Barbeau, une série d'échanges auprès du Musée national d'Ottawa, qui suscitera au début une collaboration concrète et concluante pour ensuite sombrer, malheureusement, dans une sinueuse glissade dans les abysses d'une bureaucratie enivrée par de sombres entités politiques. L'affaire ne fera que des victimes et aucun gagnant. Mais nous brûlons les étapes, laissez-nous vous raconter plutôt.

NOTES

1. Lettre à J.-B. Lagacé, dossier Dollard, Centre de recherche Lionel-Groulx.

2. Région où l'on retrouve trois fantastiques rapides à mi-chemin environ entre Ottawa et Montréal. Longs de 16 km, ces rapides sont disparus depuis la mise en opération du barrage Carillon, de l'Hydro-Québec, en 1962.

3. Village d'environ 200 habitants, du comté d'Argenteuil, situé à environ 16 km au sud de Lachute sur la rive nord de la rivière des Outaouais.

4. Eugène J. Quesnel, « Dollard des Ormeaux et les héros du Long-Sault », Le Devoir, Montréal, 20 juin 1910, page 1. Maire de la ville ontarienne de Hawkesbury, M. Quesnel souligne la tradition orale qui situe le combat à la Baie des Sauvages.

5. Le canton de Longueuil, issu de la seigneurie de L'Orignal, est le seul qui porte un nom français historique dans la province de l'Ontario.

6. Ce régime politique marque une période où le patronage à outrance et les nominations opportunistes seront de mise.

7. Thomas Paine (1737-1809) était un publiciste américain qui, après avoir lutté pour l'indépendance, se réfugia en France, fut nommé membre de la Convention (1792). Emprisonné sous la Terreur, il retournera aux États-Unis.

8. Thomas Treadwell, père de Nathanael, était membre du premier sénat du Long Island et sa mère était la fille du juge Charles Platt, cofondateur de la ville de Plattsburgh, N.Y., ce qui facilita de beaucoup les recherches généalogiques des Canadiens au pays de l'oncle Sam.

9. En plus de sa réputation de pédagogue, Cyrus Thomas est aussi l'auteur d'un ouvrage fort intéressant d'histoire régionale.

Chapitre 2

LA REDOUTE DE DOLLARD

Mr. Lee, Dr. Barbeau and myself are all convinced that the palisade outlined by Mr. Lee is the actual site of the Dollard Fort.

F. J. Alcock, conservateur, Musée national

MARIUS BARBEAU

Marius Barbeau est né à Sainte-Marie de Beauce en 1883 et il entre au service du Musée national d'Ottawa dès 1911, après des études à l'Université Laval, à Oxford et à la Sorbonne de Paris. Il devient rapidement une sommité de l'ethnologie au Canada, étudiant en particulier les mœurs des Indiens de l'Ontario, du Québec et de la Colombie-Britannique. Il assemble une somme de documents d'une grande richesse sur l'artisanat, le folklore et les traditions du Canada français, ses nombreuses publications ne représentant qu'une infime partie de l'immense documentation accumulée par ses recherches d'érudit.

En raison de son cheminement personnel et de par son éthique de chercheur, Barbeau était devenu un critique passif, mais convaincu, du pouvoir et de l'influence indue de l'autocratie religieuse sur le développement du savoir et de l'épanouissement des Canadiens français. Sans avoir publiquement fait connaître sa pensée profonde

25

auprès de ses confrères francophones, Barbeau trouve réconfort parmi les membres de la franc-maçonnerie au sein de la fonction publique qui compte pas moins de quinze loges dans la capitale fédérale.

Loin de lui la pensée de profiter simplement des chances d'avancement que sa liaison secrète avec la société devrait, dans l'ordre des choses, lui procurer ; il désire seulement travailler à son œuvre de chercheur. Il obtiendra néanmoins, par cette conjoncture favorable, une carrière et une influence marquées auprès du Musée. Dès sa retraite en 1948 et pendant quinze ans, il agira comme consultant spécial auprès de la direction du Musée où il occupera un bureau ; et il se trouvera engagé, comme nous le verrons plus tard, dans plusieurs des décisions et orientations de la vénérable institution.

Pour le moment, l'idéologie avant-gardiste de sa loge maçonnique lui offre une porte de sortie unique du monde conformiste de ses compatriotes canadiens-français. Un monde où le surnaturel doit primer, un monde où le prosélytisme de ses pairs excuse de nombreux abus et contrôle les actions de plusieurs, un monde où les aspirations nationalistes lui semblent restreignantes. Il trouve chez ses frères de la loge une vue du monde qui s'accommode beaucoup mieux à sa pensée scientifique.

Puisque les francs-maçons se veulent agissants dans tous les pays en constituant une véritable amitié entre les peuples, toutes les dénominations religieuses y sont représentées et acceptées. Pour atteindre ses buts, la franc-maçonnerie se veut adogmatique, humanitaire, laïque et sécularisante. Elle veut l'homme bon et véridique, honorable et probe — qui se dresse comme un dieu contre Dieu et lui fait se créer sa loi morale.

Cette vision cadre bien avec les préoccupations de Marius Barbeau. Cependant il va sans dire que la divulgation de ses affiliations maçonniques lui aurait valu de sérieux tiraillements avec son milieu d'origine catholique, puisque le code du droit canonique impose alors l'excommunication à tous ceux qui s'associent à la secte des francs-maçons. Nombreux étaient ses collaborateurs des milieux universitaires qui portaient la soutane, d'où son souci de préserver son secret.

Sa rencontre avec Anne Dewar suscite chez lui un intérêt qui déborde largement la seule question scientifique. Il saisit immédiatement cette rare occasion de s'immiscer directement dans une querelle latente mais combien stimulante, qui confronte les intellectuels laïques au diktat de l'intelligentsia de l'omniprésent clergé canadien-français, et cela sans être rudoyé au passage ou, le croit-il, sans subir de revers susceptibles d'entacher sa carrière.

Faire la démonstration, en toute innocence, que l'emplacement vénéré et adulé de la mort de Dollard des Ormeaux était érroné ouvrait inéluctablement toute grande la porte au doute. Le doute — denrée rare auprès des Canadiens français où la parole du curé en chaire demeurait un instrument de propagande souvent insurmontable — représentait un outil exceptionnel pour Marius Barbeau. Une fois le doute inscrit dans la conscience populaire, il lui sera alors possible de défendre le besoin universel d'un esprit critique vivant, original et, plus important encore, laïque.

La révision de l'exploit du Long-Sault devrait lui permettre, dans un premier temps, d'écrire une version plus conforme et réaliste de la vie et des motivations des premiers habitants de la Nouvelle-France, soit leur quête légitime de la richesse, de la gloire et des gains pécuniaires assortie, d'une démonstration de mœurs variées et souvent peu chrétiennes, ce qui ne ferait pas nécessairement contraste avec les autres peuples de ce XVIIe siècle.

Quel pied de nez à un mouvement clérical qui, de surcroît, réussit année après année à gagner des milliers de dévots au culte des dix-sept hommes qui ont donné leur vie afin, dit-on, de propager la foi catholique, de préserver la langue et la culture françaises, d'anéantir la tyrannie animiste des sauvages, tout cela dans un élan héroïque de foi et de sacrifices comparable à celui des grands martyrs de l'Église ! Ne pourrait-on pas les percevoir simplement comme de vaillants soldats — fiers, courageux et astucieux — espérant un butin et peut-être une certaine gloire ?

La brèche serait importante. La fête de Dollard du 24 mai pourrait ainsi être remise en question et la célébration du *Victoria Day* [1] reprendrait alors son emprise atténuante sur les exaltations nationalistes du peuple. Tout un scénario, toute une stratégie ! Dans un élan mégalomane, Barbeau croyait-il réussir un coup d'éclat, voire exercer une douce vengeance ?

LES RÉVISIONNISTES

N'avait-il pas souffert en silence lorsque le professeur E. R. Adair, du Département d'histoire de l'Université McGill, avait été attaqué pour avoir osé soumettre une vision critique et péjorative de l'Affaire Dollard ? Adair, on s'en souviendra, signera dans le *Montreal Daily Herald* du 21 mars 1932 un texte qui souligne quelques ambiguïtés sur la date précise de la mort des derniers combattants, au nombre accepté de dix-sept Français, et émettra des doutes sur les motivations et l'habileté militaire du commandant des Ormeaux. Mal lui prit de choisir son intervention tactique sur une analyse critique du combat

28

du Long-Sault. Ici aucune supposition n'est tolérable, car le sujet est fort délicat et les répliques seront nombreuses et ardentes. Adair dut rapidement renoncer à sa croisade, au grand soulagement de l'éditeur du *Herald* qui était décidément peu enclin à provoquer la majorité francophone sur un sujet qui ne concernait ses lecteurs attitrés que d'une façon fort superficielle.

Malgré son recul et silence stratégique — à peine deux semaines après la parution de son article controversé —, le professeur Adair identifiera son action comme la cause principale du début d'une démarcation entre une écriture historique canadienne glorificatrice ou romantique... et une écriture plus sobre et objective. Cependant il serait juste de dire que la méthode utilisée par le professeur demeure un peu douteuse, puisqu'elle équivaut à une protestation par le biais d'énoncés historiques sans grande validité. Les Gustave Lanctôt, Émile Vaillancourt [2], Jean Chauvin, Lionel Groulx et Victor Barbeau auront vite fait de restaurer la légitimité de la version officielle ; mais cette attaque spontanée et inattendue, surtout issue d'un représentant du monde anglophone, créait un précédent qui hantera pour les trente prochaines années les ténors de la propagande historico-religieuse de l'époque.

Sans trop s'en rendre compte, Adair avait ouvert une brèche importante dans le discours officiel. Quelques francophones nationalistes utiliseront ce mini-scandale pour redéfinir le concept du «héros national». C'est-à-dire que l'on tentera d'affirmer une pensée critique et laïque de l'enseignement de l'histoire, avec entre autres objectifs de remplacer le culte de Dollard par celui des Patriotes, morts pour le pays véritable. Une brèche sur un terrain propice aux idées, une sorte d'antichambre pour les activistes d'une révolution tranquille en devenir.

De son lieu de retraite au Texas, le professeur Adair confiera trente ans plus tard à un journaliste [3] que son but inavoué était de rompre le silence des historiens anglophones par rapport à l'histoire canadienne avant la conquête. Il semblait y avoir un consensus non écrit de laisser la voie libre aux historiens francophones pour ces pages de l'histoire, situation qu'il voulait dénoncer. Cette confession est un brillant exemple de l'utilisation de l'interprétation historique comme phénomène de changement social et politique.

Marius Barbeau veut reprendre en quelque sorte la stratégie d'Adair. Il ne confie à Anne Dewar aucun des motifs profonds qui le lient aux recherches qu'elle lui propose. Il n'y voit pas de raisons. Anne, pour sa part, est fort motivée et demeure persuadée qu'une démarche structurée et bien documentée viendra faire toute la lumière sur cette question historique, et que les résultats seront accueillis de bonne foi par la majorité. Elle est de toute façon d'une nature optimiste et conciliante, croyant dans la force irrésistible de la vérité. Naïveté qui lui fera honneur toute sa vie. Elle et Barbeau sont en ce moment les seuls à articuler une démarche concertée afin de faire la preuve du site véritable du combat du Long-Sault.

LE DOSSIER DU LONG-SAULT

Barbeau vérifie l'excellent travail de recherche de sa complice. Il réalise rapidement que l'emplacement du combat du Long-Sault est fort peu documenté dans les écrits des historiens qui ont raconté cette épopée [4]. La désignation du site repose sur une interprétation des écrits des contemporains de Dollard des Ormeaux, soit Marie de l'Incarnation qui relate les dires du Huron Louis, un des rares rescapés ; Dollier de Casson, sulpicien et historien ; Louis LeJeune, s.j., dans les relations des jésuites ; et le Chevalier de Troyes, militaire et chroniqueur.

30

Barbeau note immédiatement l'absence, dans le discours officiel, du témoignage de Pierre-Esprit Radisson, témoin oculaire de l'après-combat qui eut probablement la funèbre tâche de donner sépulture aux dépouilles, et ce, seulement huit jours après la fin des hostilités. Malgré que les chroniques de Radisson ne fussent retrouvées que vers la fin du XIXe siècle aux Archives d'Angleterre, la teneur de ses exploits en Nouvelle-France était écartée du débat dans l'affaire Dollard, car on jugeait l'auteur peu crédible. À preuve, Radisson a été reconnu coupable de mentir lorsqu'il pouvait en tirer profit, et en plus il a eu des démêlés avec la Couronne française. Mais dans le cas contraire, c'est-à-dire lorsqu'il n'avait aucun intérêt à mentir, et c'est le cas dans le débat qui nous intéresse, ses écrits étaient considérés véridiques en tous points. Alors sa description unique du champ de bataille du Long-Sault et de ses horreurs deviendra pour Barbeau et compagnie [5] une indication maîtresse et concluante dans la désignation du véritable emplacement du combat du Long-Sault — que nous appellerons le site de la Baie des Sauvages par opposition à Carillon.

Barbeau note aussi que les indications principales retenues par l'historien Guindon, lors de la désignation de Carillon en 1919, se résument surtout aux suivantes : que le fortin était *aux pieds du Long-Sault*, à un endroit du rapide désigné comme *le passage infaillible* que tous les canots se devaient d'emprunter à cause de la nature et de la force des courants inhérents à ce *passage* [6]. En contrepartie, les travaux préliminaires d'Anne Dewar [7] avaient considérablement dissipé la notion que Carillon puisse représenter le passage infaillible. Il faut aussi noter que le plus grand et le premier de la série des trois rapides fut, dans certains contextes d'analyse historique et hydrologique, désigné comme étant le Long-Sault, par rapport aux deux autres plus courts, soit la chute à Blondeau et le rapide de Carillon (voir carte, page 8). Enfin, Barbeau note l'absence complète d'indications archéologiques à Carillon.

Certaines palissades trouvées lors de la construction du canal de Carillon étaient, selon l'historien Rousseau, trop près de la rive pour être conciliantes avec la description des chroniqueurs. De plus, on n'a pu relever aucune tradition locale orale ou autre qui prenne la défense de Carillon. Comme ethnologue, Barbeau était en mesure de souligner l'importance de la tradition locale à un exercice de reconstitution historique. Le site de la Baie des Sauvages lui procure, à cet égard, de quoi se mettre sous la dent.

LA PETITE HISTOIRE

Il faut noter que la région du Long-Sault a connu une habitation presque continue de bandes indiennes [8]. La famille Ross (1840), premier propriétaire de la ferme englobant le site de la Baie des Sauvages, conservera vivant le témoignage d'une vieille Indienne qui attestera d'un terrible combat entre Français et Indiens à cet endroit précis. La Baie des Sauvages sera, pour plusieurs des premiers habitants blancs — les Whelan, Higginson, Kaines, Kirby, Stevens — le site désigné du combat fatidique de Dollard. Cette destination constituerait le clou des excursions organisées pour le bénifice des visiteurs occasionnels. Plusieurs reliques telles que des têtes de flèches, des hachettes et des pièces de mousquets sont retrouvées, souvent par l'usage d'un simple râteau sur la grève et les environs. Une hachette trouvée à la Baie des Sauvages, par Charles Kaines, sera ultérieurement authentifiée par les spécialistes [9] du centre d'interprétation de la Mission Sainte-Marie chez les Hurons, de la baie Géorgienne, comme conforme au style des hachettes françaises utilisées en Nouvelle-France au XVIIe siècle.

Marius Barbeau se rend sur le site, en 1948, avec Anne Dewar. Ils y rencontrent plusieurs vieux résidents ainsi qu'un navigateur expérimenté du Long-Sault, nommé Louis Bertrand. Ce dernier décrivit alors les rives de la Baie des Sauvages comme un passage incontournable lors de la descente des rapides. Interrogé sur la désignation de Carillon comme le passage infaillible décrit par les chroniqueurs, il ne peut y souscrire. Des recherches cartographiques et hydrologiques ultérieures et des descentes expérimentales en canot viendront confirmer les dires des hommes de la rivière de ce coin de pays.

Barbeau est maintenant fort enthousiaste de sa collaboration avec Anne Dewar. Ils font alors part à la direction du Musée national de la nécessité d'entreprendre une étude de faisabilité de fouilles dans les règles de l'art.

LE FORT DE DOLLARD

Frederick James Alcock est, depuis 1947, conservateur en chef du Musée national. En compagnie de Marius Barbeau et d'Anne Dewar, il visite le site de la Baie des Sauvages qui est situé sur la ferme Lavigne, achetée en 1942 de la famille Ross. Fort impressionné par ce qu'il voit et entend en 1949, il charge deux archéologues de son service — MacNeish et Leechman — de lui soumettre un rapport préliminaire. Ils se montrent peu enthousiastes à l'idée de suivre une piste issue des efforts d'une autodidacte comme Anne Dewar. Après quelques démarches et une journée de repérage, ils recommandent le *statu quo* à Alcock. Peu impressionné par le travail de ses employés et au grand soulagement de Dewar et de Barbeau, Alcock décide à tout hasard d'inclure l'étude du site de la Baie des Sauvages au carnet de travail d'un jeune archéologue nouvellement engagé par le Musée.

En novembre 1951, Thomas E. Lee met au jour le fortin de 65 pieds de diamètre, qui servit à abriter environ

60 combattants français, hurons et algonguins. De cette redoute ils avaient repoussé pendant dix jours les attaques de plusieurs centaines de guerriers agniers en ce mois de mai 1660.

Les données archéologiques fournies par Lee concordent merveilleusement avec plusieurs des descriptions des chroniqueurs de la Nouvelle-France. Le 8 décembre 1951, Alcock, Barbeau et Lee attestent par écrit [10] auprès de leur chef de section, M. J. Smart, directeur des Parcs nationaux, qu'il sont en tous points convaincus que la palissade mise au jour par Lee est bel et bien le site du combat du Long-Sault. Des démarches sont immédiatement entreprises auprès du Comité des monuments et sites historiques du Canada, en vue d'allouer une protection au site nouvellement découvert. Afin de dissiper toute rumeur ou diffusion de renseignements inexacts, Alcock suggère fortement d'émettre une déclaration publique. Le 7 février 1952, le bureau de l'honorable Robert H. Winters [11], ministre des Ressources et du Développement, émet un communiqué de presse exposant les détails de la découverte et soulignant que la désignation finale est la responsabilité du Comité des monuments et sites historiques du Canada.

Marius Barbeau jubile. Son projet d'assener un coup imparable à l'oligarchie religio-nationaliste du Canada français est maintenant à sa portée. Lui qui n'avait jamais vraiment fait de politique se voit déjà entrer dans la parade par la grande porte. Il obtient, par le biais de ses relations avec l'Université Laval, l'organisation exclusive d'une soirée consacrée à la question de Dollard des Ormeaux dans le cadre des Mardis universitaires — un format déjà consacré et fort apprécié par la gent universitaire. Il choisit les thèmes ainsi que les quatre panélistes qui partageront la tribune avec lui. Ce sera le moment choisi pour annoncer la découverte du fortin et son emplacement véritable et pour dénoncer du même coup l'usage *frauduleux* de l'histoire par certains pour des raisons de propagande. La salle est comble et la presse écrite est au rendez-vous.

LES MARDIS UNIVERSITAIRES

Déployant un talent d'animateur, Barbeau s'improvise crieur de la place publique et, d'une voix ferme, lance le débat.

— Oyez, oyez, messieurs et chers collègues en ce débat, fourbissez vos connaissances ès Dollard des Ormeaux et croisez le fer de vos arguments !

Le premier à prendre la parole est Fernand Grenier, professeur de géographie au Petit Séminaire. Il aborde de façon candide les thèmes ignorés par les propagandistes du culte de Dollard qu'il qualifiee d'« amplificateurs ». Il souligne l'influence indue des dits amplificateurs sur l'opinion publique et sur l'enseignement au Canada français.

Les autres membres du groupe de discussion [12] retracent point par point le déroulement des événements de 1660, en signalant l'importance du commerce des pelleteries qui, au consensus général, a assuré la survie de la Nouvelle-France grandement hypothéquée par la rupture possible de l'approvisionnement en fourrures due aux guerres iroquoises.

La version officielle des exploits du Long-Sault avait malheureusement omis, sinon occulté, cette trame essentielle de la reconstitution historique, puisque ces considérations, connues sous « l'hypothèse fourrure », auraient porté ombrage au personnage mythique de Dollard. Les propagandistes ou amplificateurs se voyaient incapables de concilier un héros d'inspiration religieuse avec les bassesses attribuées au commerce des fourrures [13].

Le clou de la soirée est sans contredit la prestance de son modérateur, Marius Barbeau. Il étale les preuves du site véritable du combat en y écorchant au passage les responsables du monument érigé à Carillon sur les restes d'un four à chaux [14].

Le 19 mars 1952, les journaux de Québec titrent : *L'histoire de Dollard grandement modifiée par de récentes fouilles.* Barbeau savoure déjà le succès du début de sa campagne de dénigrement. La suite logique de sa stratégie inclut des assemblées du même genre dans tous les grands centres du Québec, sans oublier Ottawa, l'Ouest canadien et l'Acadie, ainsi qu'une publication conséquente dans le *Bulletin du Musée.* Pour la suite il présume qu'une relève se fera valoir d'une façon toute spontanée et qu'il pourra alors se retirer à nouveau dans son fief du Musée d'Ottawa, heureux d'avoir été la bougie d'allumage d'un révisionnisme salutaire. Seul et sans la moinde consultation auprès d'alliés naturels [15], il croyait à juste titre avoir réussi un exploit auquel ses frères de la loge maçonnique ne pourraient que se rallier...

LA DÉBANDADE

Marius Barbeau ne s'était jamais tant trompé. Son incursion dans les couloirs de la pensée normative était fort mal conçue. La réaction immédiate de l'*establishment* politique sera cinglante. Au conseil des ministres à Ottawa, ce fait divers en irrite plus d'un, surtout dans le caucus québécois où le secrétaire parlementaire du ministre des Finances, Jean Lesage, tourne en dérision l'incursion de son confrère Winters dans les affaires intérieures de la province de Québec.

Le ministre Winters s'en trouve fort mécontent, lui qui croyait avoir posé un geste on ne peut plus anodin. La réprimande chez les subalternes du ministère est rapide et tranchante. Les mandarins s'acharnent maintenant à réparer les pots cassés. Alcock est fort malheureux de ce désaveu et temporise tant bien que mal, reportant la poursuite des fouilles à plus tard. Il s'efforcera dorénavant d'obtenir l'assentiment de la CMSHC avant de bouger.

Barbeau comprend du même coup que la franc-maçonnerie de la fonction publique s'efforce *religieusement* de préserver sa prérogative dans les affaires courantes des ministères. Barbeau avait par inadvertance offert à l'opinion publique canadienne-française une brèche, une intrusion non sollicitée dans cette chasse gardée qu'est la fonction publique fédérale. Le phénomène des deux solitudes était à leur avantage : n'avait-il pas le pays complet à gérer ?

Le frère Barbeau avait à toutes fins pratiques attiré l'attention ! Ce dernier ne put que reconnaître sa bévue et s'appliqua pendant le reste de la décennie à taire la responsabilité du Musée dans cette affaire. Le bien du tout n'était-il pas plus important que l'action de l'un ?

RÉTABLIR CARILLON

Mai 1952. La *Revue d'histoire de l'Amérique française* publie l'ouvrage d'un de ses membres honoraires intitulé «L'emplacement du fort de Dollard des Ormeaux». L'auteur, le notaire Victor Morin, y reprend les grandes lignes de la preuve en faveur du site de Carillon et en profite pour écarter avec véhémence le site de la Baie des Sauvages et ses champions, qu'il associe avec les révisionnistes de la trempe des Adair, Barbeau et compagnie.

> ...mais comme l'hydre de Lerne, la calomnie a des têtes sans cesse renaissantes qu'il faut s'empresser d'abattre si l'on veut éviter d'en être victime. La

dernière tentative en cette matière a pour but de déplacer au moins le théâtre de l'exploit de Dollard au profit de la province sœur d'Ontario [16].

Sans faire l'analyse du travail de Lee, Morin choisit néanmoins de discréditer complètement ses conclusions. À la fin de son article, il témoigne toutefois d'un soubresaut de magnanimité envers ses adversaires en reconnaissant la valeur historique de cette « enceinte fortifiée », nouvellement mise au jour, qu'il s'empresse de désigner comme les vestiges possibles d'un fortin construit par le chef onnontagué Chaudière Noire lors de son combat contre le chevalier de Vaudreuil, en 1697.

Pourtant, les écrits historiques situaient le dit combat à deux lieues au-dessus des « longs rapides » et ne faisaient aucune référence à la présence de fortifications [17].

Une préface fort révélatrice fut ajoutée à l'article de Morin :

> Beaucoup de nos lecteurs nous avaient demandé notre sentiment sur les récentes découvertes de géologues (sic) [18] sur la Ferme Ross [19], cinq milles à l'Est de Hawkesbury (Ontario). D'aucuns ont même profité de ces découvertes pour remettre en question le *fait* Dollard. L'un de nos membres honoraires nous a apporté les pages que l'on va lire. M. Victor Morin, chercheur émérite toute sa vie, connaît bien l'histoire du Montréal des premiers temps. NOUS ESTIMONS SON ÉTUDE CONCLUANTE. Le Directeur de la Revue [20].

Le chanoine Lionel Groulx accourait de nouveau à la rescousse de *son pauvre Dollard* [21] et colmatait avec insistance, le croyait-il, une autre brèche des révisionnistes. Marius Barbeau avait buté contre plus fort que lui !

NOTES

1. Jour férié au Canada anglais en l'honneur de la reine Victoria.

2. Émile Vaillancourt, « Dollard's Heroism is substantiated... »,
The Gazette, Montréal, 29 mars 1932.

3. O. G. Moore, «New France Was Not Saved By Dollard...», *Montreal
Daily Herald*, Montréal, 21 mars 1932.

4. Surtout Francis Parkman, Édouard-Zotique Massicotte,
Benjamin Sulte, père Rousseau, François-Xavier Garneau, Jean-
Baptiste-Antoine Ferland, W. H. Atherton, les abbés Lionel Groulx
et Arthur Guindon.

5. François-J. Lessard, « Messages au "Frère" Trudeau », Pointe-
Fortune (Québec), Les Éditions de ma Grand-Mère, 1979, pages
37-59. On y retrouve une analyse exemplaire du texte de Radisson
et une interprétation militaire du combat.

6. Père Arthur Guindon, « Le fort du Long-Sault » et « Les trois
combats du Long-Sault », *L'Action française*, Montréal, 1918 et
1923, volume 1, pages 1-70 et volume 2, page 262.

7. Anne F. Dewar, « Site of Dollard des Ormeaux Epic : Discussion
on historian's article », *Anthropological Journal of Canada*,
Ottawa, 1963, volume 1, numéro 4, pages 4-11.

8. La bande connue comme *Old Shesheep's Tribe* campe chaque
printemps sur une île en amont du Long-Sault, et ce, jusqu'à la
fin du XIXᵉ siècle (source W. L. Ross).

9. Lettre de K. E. Kidd à J. D. Herbert, 27 janvier 1962, Archives
nationales, RG-84, volume 1325, dossier 8-64 pt 3.

10. Mémo de F. J. Alcock à J. Smart, *ibid.*, 8 décembre 1951.

11. Robert Henry Winters (1910-1969) occupa divers postes au
sein des gouvernements libéraux de 1945 à 1968.

12. M. l'abbé H. Provost, historien et archiviste du Séminaire
de Québec, Marcel Trudel, historien à l'Université Laval, et Luc
Lacoursière, professeur titulaire de folklore à l'Université Laval.

13. Lionel Groulx avouera en 1960 regretter avoir omis *l'hypothèse fourrure* dans son Dossier Dollard de 1932. (Voir *Dollard est-il un mythe ?*, Fides, page 36.)

14. Suite à une maladresse de l'abbé Arthur Guindon, sulpicien né à Oka, un vestige de maçonnerie d'un four à chaux fut incorrectement associé au fortin de Dollard.

15. En plus du professeur Adair, on peut mentionner Marcel Hamel, Lucien Parizeau et Marie-Rose Turcot qui, en 1946, écrivent dans la revue *Notre temps*.

16. Victor Morin, *op. cit.*, page 4.

17. Kingsford, *History of Canada*, Toronto, 1887, volume 4, page 220.

18. Les services scientifiques du Musée national sont, de 1926 à 1950, associés avec le Service géologique du ministère des Mines et Ressources. À noter que l'archéologie demeure peu invoquée par les historiens de la *Revue d'histoire de l'Amérique française*, ce qui expliquerait ce lapsus.

19. Le directeur aurait dû dire la ferme Lavigne.

20. *Revue d'histoire de l'Amérique française*, volume 6, numéro 1, pages 3-19.

21. Expression utilisée par le chanoine Lionel Groulx (voir correspondance Rousseau, 10 mai 1960, CRLG, Outremont), qui illustre bien l'attachement viscéral du chanoine à Dollard, le personnage historique.

Chapitre 3

LE CHANOINE

*L'enseignement de l'histoire du Canada doit
faire ressortir les traits distinctifs de notre histoire,
le but apostolique et national poursuivi par les
découvreurs et les fondateurs, la pureté de nos
origines canadiennes-françaises, le caractère
religieux, moral, héroïque et idéaliste de nos
ancêtres, la lutte constante contre les difficultés
de toutes sortes, et la protection visible de la pro-
vidence sur la survivance de notre nationalité.*

Département de l'Instruction publique du Québec, 1959

À LA RECHERCHE DU CHEF

Mai 1923. Les membres du Conseil du Séminaire de
Québec sont en réunion extraordinaire. De leur retranche-
ment, ils peuvent difficilement faire abstraction du murmure
persistant qui s'élève de la cour intérieure. Dans les corridors, une scène peu habituelle s'offre au regard surpris
des professeurs de la vénérable institution. Des équipes de
jeunes gens turbulents, pleins d'une sorte de fièvre patriotique qui frise l'indiscipline, exhortent tout un chacun à
contribuer au brouhaha grandissant. On veut ainsi faire
sentir aux dirigeants en délibération, l'ardent désir que l'on
acquiesce rapidement à la simple demande que l'on a déposée
devant eux.

On leur avait pourtant bien dit, lorsqu'ils avaient franchi la porte de cette enceinte pour la première fois, que cette vieille institution était le véritable foyer du nationalisme canadien-français qui, à force de difficiles compromis, avait survécu à la désolation que les canons des conquérants de 1759 lui avait imposée. N'avait-elle pas depuis formé depuis lors les bases d'une instruction nationale, en plus d'instituer la seule université française d'Amérique, l'Université Laval ? Pour ces raisons, les étudiants croyaient que leur simple demande serait accueillie avec joie par la direction.

Après une vaste souscription parmi les élèves, le comité spécial des fêtes de Dollard des Ormeaux avait acheté de *L'Action française* [1] suffisamment de bustes à l'effigie du héros pour que chaque classe en soit dotée. Les élèves voulaient par ce geste témoigner de leur fierté patriotique et ils demandaient que l'on accepte avec empressement et décorum cette humble contribution à la vie de l'institution.

Aux yeux du Conseil du Séminaire, tout n'était cependant pas si simple. On est vraisemblablement pris entre l'arbre et l'écorce. D'une part, on est sympathique à l'idée de souligner dignement le souvenir du sacrifice exemplaire de Dollard des Ormeaux et ses compagnons ; d'autre part, on s'inquiète de l'envergure et de la rapide et prodigieuse montée des nombreuses manifestations dans toute l'Amérique française à l'endroit de cette fête que l'on souhaiterait pourtant mineure.

À peine quatre ans se sont écoulés depuis la consécration du site de Carillon et l'on voit jusqu'à 3 000 pèlerins défiler dans cette humble bourgade. L'œuvre naissante de l'abbé Groulx a aussi la vertu d'exalter la jeunesse. C'est pourquoi la demande des étudiants du Séminaire inquiète et indispose l'autorité en place, qui y voit un semblant de défi. Un opposant du geste proposé des étudiants au sein du Conseil est l'abbé Camille Roy, recteur de l'Université Laval. Il n'apprécie pas du tout le ton trop défiant et indépendant des représentants étudiants. Il évoque l'influence indue des membres de l'Association catholique des jeunesses canadiennes-françaises (ACJC), qui parraine directement les pèlerinages à Carillon et qui, par la publication *Voix de la Jeunesse*, critique ouvertement le Séminaire. De plus, l'esprit d'indépendance de cette jeunesse d'après-guerre, mêlé à une passion mystique d'un patriotisme retrouvé, irrite l'abbé Roy, car il perçoit cette évolution comme trop anarchique.

L'abbé Groulx, cet exalté, n'avait-il pas lors d'un de ces rassemblements au Long-Sault, proclamé : « Jeunes gens, vous n'avez pas de chefs, dites-vous. Passez-vous-en ! » Pire encore : « Et surtout, sois jeune et sache la puissance de la jeunesse [2]. »

Après une explication de 58 pages, les étudiants obtiendront le droit à un seul buste qui, symboliquement, se retrouvera dans la classe de mathématique. L'année suivante, l'abbé Roy récidivera et sabotera une présentation semblable à l'Université Laval, cérémonie où l'on attendait plus de 15 000 personnes.

L'abbé Groulx apprit ces événements avec un sourire narquois. Son adversaire avait réussi à le contrer chez lui, dans son château fort, mais le culte de Dollard, lui, faisait de prodigieuses entrées partout ailleurs. Présentation solennelle du buste aux parlements d'Ottawa et de Québec, à l'Hôtel de ville et à l'Université de Montréal devant des foules denses majoritairement jeunes et militantes.

N'avait-il pas conçu cette fête afin de permettre à la jeunesse d'exprimer ce qu'elle savait d'instinct, « que de grandes choses, l'avenir de sa race et de son pays se jouera sur sa tête [3]...» ? Groulx avait déposé au pied de la jeunesse ses plus profonds espoirs : « C'est de la jeunesse que seront issus les rédempteurs de demain, les artisans de la résurrection nationale [4]. »

Il est lui-même profondément choqué par l'inertie de son peuple devant la prépondérance des autres races sur la sienne en ce pays qui est sien. Il s'offusque particulièrement devant l'absence d'un chef qui saurait, à l'instar d'un Dollard des Ormeaux, guider la collectivité vers un renouveau moral. « Un Homme ! Un Chef ! va-t-il nous venir ? (...) Un vrai qui aurait pu nous tirer du gâchis où nous sombrons [5]. »

Dollard des Ormeaux deviendra le symbole par excellence du chef à venir. Le culte de Dollard, carte maîtresse dans la stratégie d'émancipation, aura comme mission de confronter à tous les scepticismes, à tous les blasements, à toutes les timidités, à toutes les peurs séniles du peuple, l'ardeur impétueuse de la foi, le courage indiscutable, l'amour de la patrie et l'autorité salutaire d'un commandant de la trempe de Dollard des Ormeaux ! Groulx témoignera à ce culte un véritable attachement émotif, auquel il restera fidèle toute sa vie durant.

SE DONNER UNE ÂME !

L'abbé Groulx est désenchanté de la tradition électorale qui voit deux paysans du même patelin pavoiser de père en fils, pour l'habit rouge ou le bleu, et se livrer à de stériles partisaneries politiques, préférant laisser les enjeux véritables dans les mains des autres. « Ta vie, voilà soixante ans qu'on la fait tourner autour d'une boîte à scrutin [6]. »

Groulx indique quelques moyens de ressaisissement, en particulier une réforme scolaire «afin que l'on n'y fasse pas que des demi-Canadiens français. Nous voulons que la beauté idéale du geste de 1660 entre parmi les stimulants qui exaltent les volontés de notre jeunesse. (...) Il est bien important d'instruire notre jeunesse, de l'outiller pour les luttes de la vie ; il est encore plus important de lui faire une âme [7]».

Offrir aux étudiants une mystique leur permettra de régénérer la société. Le culte de l'héroïsme sera une prémisse à l'éducation nationale et à la renaissance du peuple [8].

L'AMÉRIQUE FRANÇAISE

« Il faudra qu'un jour sur ce carré de sol acheté et consacré, se dresse, face à l'Outaouais, la statue de Dollard. Et pourquoi ne le dirais-je pas ? Je vois venir le jour où, au pied de ce monument, pendant que se relèveront toutes les espérances, les jeunes gens du Canada français viendront prêter leur serment à la patrie [9].» Les souhaits professés par l'abbé Groulx, en ce mois de mai 1918 à Carillon, étaient maintenant plus que largement comblés.

De Saint-Boniface à Ford City (Windsor), d'Ottawa à Baie Saint-Paul, de Manchester à Montréal, les cloches des églises tintent un glas de dix-sept coups en l'honneur des héros du Long-Sault. Partout les fêtes débutent par une veillée d'armes solennelle, cérémonie où dix-sept jeunes gens de la paroisse prêtent leur serment à la patrie, jurant fidélité jusqu'à la mort dans la défense des idéaux chrétiens et patriotiques [10]. La fête est généralisée et l'exaltation atteint son comble.

« De cette valorisation de notre histoire nous apprendrions à ne plus nous laisser traiter en ce pays comme une race inférieure. Nous cesserons de penser comme un peuple de vaincus [11].»

« Dollard est le héros qui appartient à toute la famille française de l'Amérique. Il incarne les meilleures de nos vertus ethniques. Faisons du 24 mai la "fête de la race". Allons, les jeunes, fêtons partout Dollard [12] ! »

L'ABBÉ GROULX, HISTORIEN

En 1915, l'Université Laval de Montréal dut réorganiser sa Faculté des lettres, car l'unique professeur de cette faculté, un Français, était mobilisé en Europe. À la recommandation d'Henri Bourassa, on décide alors de réintroduire un cours d'histoire du Canada. L'évêque de Montréal, grand maître de la section montréalaise de l'Université, désigne Lionel Groulx comme professeur attitré.

Le 3 novembre de cette même année, plus de 1 200 personnes se pressent dans la grande salle de promotion de l'université de la rue Saint-Denis afin d'entendre la première conférence du nouveau titulaire. Tous furent charmés par son éloquence. Ce fut, semble-t-il, un jour mémorable dans la vie de la nation canadienne-française, comparable à celui de 1845, qui vit la parution de l'*Histoire du Canada* de François-Xavier Garneau. Le sujet choisi par le conférencier est le présage de l'œuvre future de l'homme : « Les luttes constitutionnelles des Canadiens français ». Ainsi, à l'âge de 37 ans, Lionel Groulx embrasse la carrière d'historien.

Ordonné prêtre en 1903, l'abbé Groulx est professeur de rhétorique au Séminaire de Valleyfield où il doit enseigner l'histoire du Canada. Cependant, l'unique manuel dont il dispose est un manuel pour l'enseignement primaire, et par surcroît un volume traduit de l'anglais ! Afin de combler cette lacune qu'il juge inacceptable, il entreprend alors, vers 1905, la tâche de rédiger un abrégé d'histoire du Canada pour ses étudiants.

LIONEL GROULX À SA RÉSIDENCE
D'OUTREMONT, VERS 1963

Afin de se porter à la rescousse
de son pauvre Dollard, Groulx
publie *Dollard est-il un mythe ?*

ANNE DEWAR À LA BAIE
DES SAUVAGES, 24 JUIN 1962

Elle a en sa possession la tête
d'une hachette du XVIIᵉ siècle.

Photo : Ross Johnson

47

Cette initiative le propulsera inéluctablement vers une extraordinaire carrière d'historien et de pédagogue s'étendant sur plus d'un demi-siècle, et ce, pour le bénéfice d'un peuple tout entier. L'Histoire et son enseignement deviennent, pour l'abbé Groulx, une deuxième vocation.

L'histoire, cet enfant mal aimé de l'éducation nationale, est peu présente dans la conscience collective. Par son dévouement et son acharnement, Lionel Groulx contribuera alors à rendre incontournables les leçons de l'histoire dans l'agenda quotidien de la nation canadienne-française. Pour ce faire, il doit obtenir une formation. Il entreprend des études de doctorat en Europe, de 1906 à 1909, et étudie entre autres des rudiments de la méthode historique du père Mandonnet, à l'Université de Fribourg. De ces éléments de méthodologie, il se forgera une vision de la pratique de l'histoire et de son rôle social. De ses maîtres à penser tel Fustel de Coulanges, il adopte l'approche de l'histoire engagée, parce qu'il croit à l'utilité et à l'influence de l'œuvre historique et, de plus, il sait que son peuple a ardemment besoin de connaître ses lignes de force, sa destinée. Il deviendra donc un propagandiste nationaliste avec l'ambition de fournir au peuple une doctrine et une âme nationale. De Gustave Le Bon, auteur des *Lois psychologiques de l'évolution des peuples* [13], il retiendra que dans toutes les manifestations de l'existence d'une nation, l'on retrouve l'âme immuable de la race tissant elle-même son propre destin.

Il en déduit rapidement l'urgence de doter la race d'une âme, afin de consolider les assises de la nation. Il choisit de forger cette âme à même la mystique héroïque de Dollard, qui correspond parfaitement à ses goûts et à son talent.

> Point d'État français, point de peuple français sans une mystique française. Cessons de demander à notre peuple des actes dont il n'a ni l'idée ni le sentiment. Il faut qu'ayant une destinée

nous commencions par le savoir et par savoir laquelle. Et il nous faut une mystique organique. Il est temps que notre peuple, tout notre peuple, sache enfin pourquoi, depuis trois cents ans, nous n'avons pas démissionné [14].

UN MONUMENT POUR DOLLARD

Le rédacteur du *Montreal Herald*, J. C. Walch, donne aux Canadiens la première semonce. Il trouve inqualifiable le manque d'intérêt démontré par la population à l'approche du 250e anniversaire du fait d'armes du Long-Sault. Il n'avait pas tout à fait tort, car malgré que nos historiens [15] en eussent tracé les grandes lignes, seul l'historien américain Parkman [16] avait réussi à en souligner avec conviction le caractère héroïque et chevaleresque. Certains observateurs concluront que l'exploit de Dollard des Ormeaux fut ignoré ainsi pendant plus de 200 ans «parce qu'on n'admettait pas la manière forte des conquistadors [17] ! ».

Une romancière américaine, Mary Harwell Carthwood, s'inspire de la personne de Dollard pour écrire son roman sentimental *The Romance of Dollard*. Comme un déjà-vu, la machine culturelle américaine compte la première ses points et nous précède ! Ici, c'est sur les instances d'un Irlandais de Montréal (Walch) qu'une des grandes machines de propagande du Canada français se mettra en marche. L'appel du *Herald* fait boule de neige et une coalition toute naturelle entre le journal *Le Devoir* et l'ACJC permet une mobilisation importante et la tenue d'une fête commémorative retentissante. Au programme, ce 29 mai 1910, figurent des discours de circonstance de Mgr Bruchési et d'Henri Bourassa devant plus de 20 000 personnes à la Place d'Armes, une cérémonie religieuse à l'église Notre-Dame, la déposition au pied du monument Maisonneuve d'une couronne et une conférence à saveur historique.

Une fête réussie, à l'image des grandes manisfestations de l'époque. Dès le lendemain, le Comité organisateur se transforme en Comité du monument à Dollard, une suite logique aux succès de cette entreprise si rapidement concoctée. La souscription de 20 000 dollars est rapidement atteinte. Aussi, au cours de l'année 1913, lance-t-on un concours de sculptures. Plus de quinze sculpteurs déposent leur maquette suite à un appel d'offres qui privilégie une œuvre ayant le mérite d'accentuer les leçons de générosité, de courage et d'enthousiasme propres à l'exploit du Long-Sault. La Première Guerre mondiale retardera quelque peu le déroulement de ce concours et l'œuvre d'Alfred Laliberté [18] obtiendra la commission. Le 24 juin 1920, devant plus de 25 000 personnes au Parc Lafontaine de Montréal, le monument à Dollard est dévoilé sous la présidence du consul de France. De cette œuvre avait déjà dérivé le monument de Carillon, inauguré un an plus tôt, et financé à même les fonds du comité.

Sous la direction de l'abbé Groulx, le comité des Fêtes de Dollard est, depuis 1918, bien encadré à la permanence de la revue L'Action française et n'a qu'un seul but : « permettre à toutes les énergies de la race, quelles qu'elles soient, de se réunir en un faisceau bien ordonné pour que le 24 mai, de Ville-Marie, ne s'élève qu'un cri de reconnaissance : Vive Dollard des Ormeaux ! l'immortel Sauveur du Canada français [19] ! ».

L'ORGANISATION S'ÉTEND

Devant l'incroyable engouement pour Dollard, Groulx reformulera ses vœux dès avril 1920. « Il faut que la fête devienne universelle, qu'elle entre si bien dans nos habitudes et nos traditions que le 24 mai ne s'appelle plus dans l'Amérique française, que "la Fête de Dollard" [20].» L'Action française, jouissant toujours de la collaboration de l'ACJC, met en place dès 1921 des formes de financement qui assureront l'expansion et la continuité de la célébration. À cet égard l'on introduit « La rose de Dollard » — fleur de tissu rouge, emblème du martyr —, le calendrier, la carte postale de Dollard, sans oublier le buste de plâtre. De plus, diverses brochures historiques pour tous les âges se greffent à cette panoplie de symboles entourant le culte de Dollard [21]. Un chroniqueur de la revue attestera qu'une littérature Dollard est en train de se créer tout comme s'est créée une littérature Jeanne d'Arc. On chante Dollard, on joue des pièces de théâtre, on se recueille solennellement aux Veilles des Armes et, dès 1921, la fête de Dollard est célébrée partout en Amérique française.

L'abbé Groulx jubile. Il a atteint, dans un laps de temps infiniment court, la mise en marche d'une action patriotique qui comblait ses plus grands espoirs. Il a réussi à jumeler dans un contexte extrêmement populaire le nationalisme et l'histoire en plus d'en récolter des dividendes immédiats. Il pourra bientôt savourer le fruit de ses efforts, par le biais d'une scène inattendue. En effet, lors de la cérémonie de présentation du buste de Dollard à l'Université Laval à Montréal, Groulx observe avec déférence un signe de la *transformation des cœurs*, un signe qu'il souhaite obtenir à tous les échelons de la nation. Ce présage est ce jour-là incarné dans la personne de sir Lomer Gouin, ancien premier ministre du Québec et président de l'Université, qui étonne ses auditeurs par un discours de circonstance qui verse dans un véritable spiritualisme. Groulx en fait cette description :

> Il ne les a point habitués à pareille façon de comprendre les choses. Des forces qui semblent conduire le monde, M. Gouin parut donner ses préférences à celles qui sont étroitement liées aux puissances d'argent et aux intérêts matériels. Combien se sentent heureux de voir enfin M. Gouin s'arrêter devant les héros dont les gestes ne furent point tournés du côté des affaires [22]...

Le culte de Dollard, tel que conçu par Groulx, exigeait la reconnaissance explicite de gestes purement altruistes des *Montréalistes* de 1660, un geste dépourvu des considérations puériles des gains pécuniaires. Cette facette du culte était nécessaire afin de soutenir le relèvement moral espéré. On voyait déjà la conversion d'un sir Lomer Gouin se répandre à toutes les couches de la société canadienne-française.

On peut déjà soupeser les contrecoups à venir lorsque les révisionnistes introduiront « l'hypothèse fourrure ». Lionel Groulx devra s'y opposer afin de garder intact le concept du culte de Dollard. On pourra alors être témoin d'un des plus grands paradoxes de la carrière de Groulx, historien, soit la contradiction de concilier son objectif nationaliste d'indépendance économique tout en refusant, en principe, de concéder aux conditions économiques une emprise, même médiocre, sur l'évolution historique, ce qui revient à une stricte dénonciation du matérialisme historique. Mais laissons à plus tard la hargne des révisionnistes...

LE DÉCLIN

Pour Groulx, Dollard est la raison d'une grande satisfaction et d'une fierté auxquelles se greffent de grands espoirs. En signe d'attachement, on le verra assis à sa table de travail, le buste de Dollard bien en vue, et il adoptera à plusieurs reprises le nom de trois compagnons de Dollard — Jacques Brossier, Nicolas Tillemont et Alonié de Lestres — comme pseudonymes dans ses écrits. La résurrection de Dollard de l'abîme d'un oubli relatif avait installé chez son propagandiste principal un amour, un lien presque filial. Dollard le fils spirituel !

Il serait opportun, ici, de souligner le respect et la passion accordés par Groulx à son héritage ancestral. Ce dernier connaissait bien la fin tragique de l'ancêtre de sa famille en ce pays. Jean Grou et trois de ses compagnons furent capturés et brûlés vifs par un commando iroquois sur leur ferme de la paroisse de Pointe-aux-Trembles, le 2 juillet 1690. L'abbé Groulx voue alors à la mémoire de son ancêtre un « culte quasi religieux[23] » et y trouvera sûrement une source de légitimité à son action de propagandiste du culte de Dollard.

À cette époque, le succès de la Fête de Dollard est si total que plusieurs dans l'entourage de Groulx craignent qu'elle n'éclipse les célébrations en l'honneur du patron des Canadiens français, saint Jean-Baptiste. Groulx ne tarde pas à apaiser ces craintes avec maîtrise, faisant valoir la complémentarité et la nécessité de ces deux commémorations, dans la poursuite des objectifs nationaux. Cependant, dans ce fulgurant tourbillon d'événements propices à son œuvre, Groulx n'est peut-être pas à ce moment capable d'en mesurer certains impacts négatifs.

En dessinant un portrait quasi surnaturel de Dollard, il avait aussi créé un lourd héritage à préserver. Le talon d'Achille se cachait dans la dépersonnalisation du jeune et noble commandant du commando de Ville-Marie. Pour atteindre une perfection dans la pratique du culte de Dollard, l'abbé Groulx avait inconsciemment ou consciemment créé un personnage mythique parallèle à l'homme réel. Il lui avait fabriqué une auréole, ce qui le forcera sa vie durant à défendre avec fougue l'image démesurée du jeune soldat. À cause de son incroyable fidélité à Dollard — un phénomène qu'il intègre à la question nationale, donc de la plus haute importance —, il n'a jamais senti le besoin de la remettre en question et il ne pourra se résoudre à en partager la paternité. Face à toutes questions touchant Dollard, il développera une incroyable intolérance et se rendra malheureusement coupable d'actions peu louables.

Lionel Groulx, père, ne trahira jamais sa progéniture — le fils Dollard —, même lorsque les pires médisances pleuvront de toutes parts. Seul et contre tous.

Les Fêtes de Dollard connaîtront pendant près de cinquante ans des hauts et des bas, selon les régions et l'intensité des efforts manifestés par les regroupements de jeunesse. Pendant la Seconde Guerre mondiale, et au grand dam du chanoine [24] Groulx, la propagande militaire au Canada produit une affiche réclame aux couleurs du héros du Long-Sault afin d'appeler la jeunesse aux armes. L'effet est dévastateur car on ne peut se résigner à fêter Dollard maquillé en agent de la conscription ! Pendant les vingt années suivantes, le désengagement progressif des associations catholiques, dans l'organisation des diverses fêtes populaires, et les contrecoups des attaques soutenues de certains groupes nationalistes soutirent aux célébrations sa principale source d'oxygène. Dans un étrange concours de circonstances, Dollard devient soudainement aux yeux du public un brigand, un mythe à la solde des impérialistes. Malgré les efforts déployés par son principal propagandiste, la situation se détériore et plonge dans l'absurdité la plus totale. Dollard, l'ennemi du peuple, l'agent provocateur d'Ottawa ? Quel incroyable revirement ! Le culte, tel qu'on l'avait connu, est suspendu indéfiniment.

NOTES

1. Revue mensuelle basée à Montréal, dont le directeur fut Lionel Groulx de 1921 à 1928.

2. Lionel Groulx, *Mes mémoires*, Montréal, Fides, 1971, 6ᵉ volume, page 225.

3. *Mes mémoires, ibid.*, 3ᵉ volume, page 56.

4. L. Groulx, *Directives*, Montréal, Zodiaque, 1937, page 222.

5. L. Groulx, alias Jacques Brassier, « Pour qu'on vive », *L'Action française*, janvier 1934, page 52.

6. *Mes mémoires, op. cit.*, 6ᵉ volume, page 225.

7. *L'Action française*, nᵒ 13, 1925, page 201.

8. *L'Action française*, avril 1920, page 462.

9. *L'Action française*, mai 1918.

10. Cérémonie calquée sur le serment de Dollard avant son expédition funeste.

11. *Mes mémoires, op. cit.*, 3ᵉ volume, page 47.

12. « Mot d'ordre », *L'Action française*, avril 1923.

13. Paris, Félix Alcan, 1919, 200 pages.

14. L. Groulx, *Orientations*, Montréal, Zodiaque, 1935, page 268.

15. Entre autres : Ferland, Sulte, Rousseau, Faillon, Garneau.

16. Francis Parkman : historien américain (1823-1893), auteur de *The old regime in Canada*, 1874.

17. Jean Chauvin, dans *Le Canada*, 19 avril 1932.

18. Sculpteur québécois réputé (1877-1953).

19. Albert Lévesque, « Les étapes d'une fête nationale », *L'Action française*, avril 1927.

20. *L'Action française*, avril 1920.

21. Entres autres : L. Groulx, « Si Dollard revenait » ; A. Guindon, « Les trois combats du Long-Sault » ; Faillon, « L'Exploit de Dollard » ; Joyberte Soulanges, « Dollard ».

22. *Mes mémoires, op. cit.*, 3ᵉ volume, page 53.

23. Juliette Lalonde-Rémillard, « Les souvenirs de... », *Les Cahiers d'histoire du XXᵉ siècle*, nᵒ 2, été 1994, page 183.

24. En 1943, Lionel Groulx est nommé chanoine honoraire du diocèse de Montréal.

Chapitre 4

L'ARCHÉOLOGUE

avril 1951

Miss Mary Kellogg
Department of Anthropology
University of Georgia, U.S.A.

Chère Mary,

Avec la venue du printemps, tu dois être comme moi, impatiente de dénicher de nouveaux sites potentiels. Je suis dès demain sur mon point de départ de ce qui devrait être une excursion de sept mois. Sans doute tu as toi-même plusieurs sites à excaver et je te souhaite bonne chance. Dommage que je ne t'aie pas avec moi. Tu peux rivaliser avec les plus solides gaillards dans les pires conditions. Justement en parlant de conditions, je peux déjà anticiper l'inconfort d'avoir à me raser à l'eau froide dans la rivière des Outaouais ce printemps. À la demande expresse d'Alcock, je dois, en première instance, me rendre à environ 60 milles en aval d'Ottawa, tenter de retracer l'endroit exact où dix-sept Français sont morts en 1660, en essayant d'empêcher les Iroquois de déferler sur Montréal. Je ne me donne pas grand-chance de le trouver, mais on ne peut en être certain avant d'essayer, n'est-ce pas ?

Thomas E. Lee [1]

57

MacNeish lui avait indiqué près de la petite rivière Rideau, en amont de la Baie des Sauvages, une pièce de terre rectangulaire qui semblait prometteuse en vestiges. Après une semaine d'excavation, Lee met au jour les restes d'abris de terre et de pierre qui auraient de toute vraisemblance servi de cache pour l'entreposage de fourrures, lors des nombreux portages précédant l'ère des écluses [2]. Il lui semble alors que les recommandations de ses confrères séniors, MacNeish et Leechman, aient été justes. Les traditions locales étaient mal fondées, on ne retrouverait pas les restes de la bataille du Long-Sault. Mais le destin n'en voulut pas ainsi !

Lors de la dernière journée prévue à cette partie de son itinéraire, Lee reçoit à son camp de fortune la visite de Marius Barbeau et d'Anne Dewar. Malgré ses 75 ans, cette dernière traverse d'un pas alerte le champ qui sépare les rives de l'Outaouais de la vieille route 17 où ils ont garé leur voiture. Elle insiste pour montrer à Lee un endroit à environ 500 mètres en aval, que les pêcheurs interrogés antérieurement par Barbeau avaient décrit comme le passage infaillible. Là, sur la pointe d'une crête, Lee aura le privilège d'entendre à voix haute Marius Barbeau traduire une copie de la lettre originale de Mère Marie de l'Incarnation, écrite en 1660, et qui contenait le récit du survivant huron du nom de Louis. Pendant que Lee écoute le récit de la bataille racontée par un témoin oculaire, la surface de cette crête recouverte de terres et de cailloux commence à prendre vie.

Les caractéristiques correspondent en tous points à la description qu'en avait faite Louis. De plus, Lee décèle des monticules formant un cercle qu'il n'attribue pas à un phénomène naturel. Il est intrigué et promet à ses visiteurs, à leur grand soulagement, de poursuivre ses recherches à l'automne. Pour le moment, d'autres tâches l'attendent en province. Il y reviendra seul à la mi-novembre. C'est ainsi que l'archéologue de 38 ans s'embarque dans ce qu'il décrira comme une de ses quatre plus importantes découvertes [3]. Durant cet épisode de sa vie, il vivra d'amères déceptions, mais se forgera aussi de solides amitiés.

LE FILS DE DEAC

Thomas E. Lee voue à l'archéologie un amour profond. Dès son jeune âge, il développe un intérêt continu pour cette science qu'il qualifie avec humour de « maladie pernicieuse qui vous habite totalement et qui vous fait faire des choses bizarres [4] ».

Autour du poêle à bois de leur humble demeure de Port Bruce, son père Deacon lui racontait de nombreuses histoires inspirées par la vie des Indiens qui vécurent dans cette région ontarienne du lac Érié [5]. Pour meubler son récit, il offrait au toucher du jeune Tom des têtes de flèche, de lance ainsi que des pierres à dépecer qu'il avait trouvées lors de travaux de sarclage dans les champs avoisinants.

Le jeune Lee voulut dès lors rassembler sa propre collection d'artéfacts mais il s'aperçut que le sarclage des champs à la recherche de trésors était plutôt contre-productif. Il conclut dès lors qu'une fouille dans des endroits sablonneux et propres lui serait bien plus salutaire. Il connaissait un endroit qui fut jadis labouré mais abandonné à cause de l'effet d'érosion du lac Érié. À la limite des berges, on pouvait encore y voir des sillons que le sable et le vent n'avaient pas totalement couverts, quarante années après le labour de ces anciens champs. Le jeune Tom note aussitôt la relation des dunes et ses attributs géologiques qui ont façonné le paysage. Lee apprend déjà son métier d'archéologue. Non, il ne cherchera pas ici, mais plutôt dans des endroits où l'érosion a délavé les sillons, y laissant des amoncellements de petits graviers. Il trouve rapidement un tel endroit et y découvre parmi les graviers plus d'artéfacts que son père aurait trouvés dans toute sa carrière de sarcleur de champs de blé d'Inde.

Tom Lee devient rapidement une «vedette» à Port Bruce, où on l'interroge régulièrement sur ses multiples excursions. De sa propre initiative, il conçoit une façon originale de noter l'endroit où ses nombreuses pièces sont trouvées et il développe un système fort ingénieux lui permettant d'identifier et de classifier ses pièces archéologiques. Très tôt et de son propre accord, il s'abstient de poursuivre des exhumations de squelettes, car il s'aperçoit que son manque de formation efface le savoir au lieu d'y contribuer. Déjà, le jeune Tom Lee fait preuve d'un grand sens de l'éthique ; plus tard, afin de donner suite à sa grande passion, il entreprendra des études en anthropologie.

Ses années de formation autodidacte à Port Bruce ont développé chez lui un talent que peu pouvaient se vanter d'égaler et qui lui vaudra, tout au long de sa carrière, une reconnaissance inconditionnelle comme chercheur. Un conservateur du Musée royal de l'Ontario, Walter Kenyon, soupirera d'émerveillement : « il peut lire un site archéologique comme nous pouvons lire un livre ; c'est extrêmement impressionnant[6] ». Au fil des ans, Lee développera ce talent qui l'amènera à mettre en évidence plusieurs sites archéologiques importants en Amérique du Nord.

AU MUSÉE, C'EST L'IMPASSE

Mars 1952. Lee a du mal à comprendre ce qui se passe au Musée. Alcock lui indique clairement qu'il n'y aura pas de poursuite immédiate des travaux à la Baie des Sauvages, et ce, malgré l'importance justifiée de poursuivre ses fouilles. Qui plus est, Barbeau s'est enfermé dans un mutisme suspect. Devant toute cette ambiguïté,

Lee cherche à comprendre. Il conclut à faux que ses confrères séniors, MacNeish et Leechman, sont derrière cette volte-face. Il les croit irrités, choqués qu'un nouveau venu leur ait fait perdre la face, puisqu'ils avaient auparavant conclu à un non-lieu concernant la Baie des Sauvages. Lee est quelque peu désemparé et peiné de l'atmosphère morose de son lieu de travail. Seule Anne Dewar communique régulièrement avec lui, offrant à son collègue le fruit d'un riche travail d'interprétation historique. Il trouve réconfort chez cette dame âgée débordante de vitalité.

Lee est à l'emploi du Musée depuis seulement deux ans et sa compréhension des enjeux politiques et internes du bureau est à peu près nulle. Son absence prolongée du Canada justifie peut-être son inhabilité à saisir plus rapidement les secousses qui prévalent à ce moment au Musée. De 1936 à 1948, il a étudié aux États-Unis, à Détroit et à Chigago. Après l'attaque surprise de Pearl Harbor et l'entrée en guerre des États-Unis, il est revenu au Canada, afin de s'enrôler dans l'aviation. Il a servi en Indochine pendant tout le conflit, dans le ravitaillement des troupes alliées, à bord des légendaires bimoteurs Dakota ; cette expérience l'a marqué profondément.

Lee n'est vraisemblablement pas très instruit sur les intrigues internes de la politique canadienne. Il se résigne alors à suivre les directives d'Alcock. Il rédige son rapport avec diligence afin de l'inclure dans la revue annuelle du Musée [7]. Il y confine toutes les données archéologiques de sa découverte, laissant le soin à Barbeau de rédiger un complément d'interprétation historique. Sa déception est vive lorsque, sans avis, Barbeau se désiste de cette tâche. Il est maintenant trop tard pour que ce complément essentiel à l'ouvrage soit inclus dans la publication du Musée. Le rapport de Lee sera donc incomplet et fort aride pour le commun des mortels. Seule Anne Dewar se propose de pallier cette lacune. Dans une série d'articles publiés dans le *Watchman* de Lachute, hebdomadaire régional [8], elle répond point par point aux écrits du notaire Victor Morin, dans un exposé qui encore à ce jour fait autorité. Elle réévalue avec brio tous les documents historiques à la lueur des fouilles archéologiques. La revue que dirige Lionel Groulx ne jugera pas bon de faire écho à ces articles dont l'impact restera très embryonnaire. Mais la graine est bel et bien plantée.

Peu enclin au découragement, Lee est depuis déjà quelques mois submergé de travail. Ses fouilles de l'été 1952 à l'île Manitoulin se révèlent d'une richesse inestimable. Ses découvertes sur le site nommé Sheguiandah bousculeront les données de la première présence de l'homme en Amérique [9]. Il y consacrera avec passion les quatre années suivantes de sa vie. Cela l'aidera, pour un moment du moins, à oublier le fort de Dollard.

ALCOCK ET LA COMMISSION

En tant que conservateur du Musée, le Dr F. J. Alcock siège automatiquement à la Commission des monuments et sites historiques du Canada (CMSHC). Il a très bien compris le message venant du bureau du ministre. Sur la question du site de la Baie des Sauvages, aucune action ne sera entreprise sans l'assentiment de la Commission. Incapable de résister seul à la rebuffade du Conseil des ministres, Alcock se pliera à cette volonté, d'autant plus que son nouveau patron est nul autre que Jean Lesage [10].

Lesage est fermement convaincu de l'authenticité du site reconnu de Carillon. Son sous-ministre l'a mis au courant de l'article du notaire Morin et de l'assentiment *concluant* du chanoine Groulx. Comme plusieurs politiciens de sa génération, Jean Lesage est un grand admirateur, un inconditionnel de Groulx et de son œuvre. Ce mot que le futur premier ministre du Québec adressera à l'auteur Groulx lors de la parution de ce que l'on croit être son dernier ouvrage, *Les chemins de l'Avenir*, en 1964, témoigne avec éloquence de l'appui explicite de ce ministre du Québec :

> Mon admiration pour ce grand historien n'a fait qu'augmenter avec les années, et je me suis toujours réjoui de la moindre rencontre de ses idées et des miennes. Il a découvert qu'on n'est jamais aussi transcendantalement humain que lorsqu'on est complètement façonné par son milieu. On n'atteint à l'universel qu'en passant par la patrie. Historien dont le patriotisme n'a jamais ébloui l'objectivité, le Chanoine Groulx n'a peut-être commis qu'une erreur historique : celle de qualifier de dernier, l'ouvrage dont nous saluons la parution [11].

Alcock marche sur des œufs dans le dossier de l'affaire Dollard, et pour ne pas risquer un embarras supplémentaire, il choisit de garder Lee dans le noir, le temps de replacer les choses. Le brin d'impétuosité de son jeune et brillant employé ne sert pas la cause. De plus, Alcock ne veut pas souffrir de défendre son recul stratégique auprès de Lee. Son intégrité d'homme de science a suffisamment été malmenée par les politiciens. Les protestations légitimes de Lee ne feraient que le peiner davantage. Pour ce qui est du mutisme de Barbeau, Alcock n'y voit qu'une humiliation réprimée d'un homme âgé et quelque peu désillusionné.

Maintenant que Lee est replongé corps et âme dans un autre projet, Alcock se résigne à prendre le long détour que représente l'approbation du corps consultatif qu'est la CMSHC. Il soupire déjà à la tâche qui l'attend. La Commission ne se réunit qu'une fois l'an et, de par sa nature, demeure d'une prudence légendaire. Étant une créature du ministère, elle en dépend exclusivement pour ses budgets.

Sa création est en grande partie inspirée par la nécessité du gouvernement d'être prévenu et donc de préparer politiquement les célébrations de faits historiques canadiens à venir, tel le 350e anniversaire du fait d'armes du Long-Sault ! Ses délibérations sont en grande partie pour fin de non-publication, ce qui lui attire les foudres de l'Association historique du Canada, qui l'accuse d'un manque de transparence déplorable [12]. Outre Alcock, l'archiviste national K. Lamb, J. Smart du Service des Parcs et un représentant de chaque province du Dominion, dont les qualités d'historiens sont reconnues, se retrouvent à la Commission à titre honorifique.

Les membres sont mis au courant des résultats des fouilles dès le début de la découverte de Lee et leur réaction est fort révélatrice des choses à venir. K. Lamb donne son avis : « Je crois que la preuve déposée par le Dr Alcock et son équipe a établi l'affaire qui nous préoccupe au-dessus de tout doute raisonnable ; cependant il nous faudra être prêt à contrer de vives critiques ». Le président Fred Landon ajoute que « l'incident Dollard est depuis longtemps matière à polémique et de contredire les responsables de l'érection en 1919 du monument de Carillon pourrait nous attirer de sérieuses répercussions [13] ».

Dans cette polémique anticipée, Alcock croyait tout au plus se voir servir des arguments serrés répartis sur une période de temps limitée, question de renseigner toutes les parties intéressées sur la pertinence incontournable des nouvelles révélations de l'affaire Dollard. Il obtient au contraire une cinglante réponse de non-recevoir qui repoussera le tout aux calendes grecques.

La première motion concernant la reconnaissance du site de la Baie des Sauvages, en ce mois de mai 1952, sera proposée par le juge Edward-Fabre Surveyer, de Montréal, et appuyée par un ami personnel de Lionel Groulx, l'abbé Antoine d'Eschambeault, de Saint-Boniface ; elle stipulera laconiquement que l'affaire est reportée à la prochaine réunion afin que l'on puisse, d'ici là, obtenir de plus amples renseignements. L'année suivante, on répète l'exploit de reporter le tout à la prochaine réunion... C'est le début de la mise en terre. Dans l'intervalle, Alcock tente d'obtenir une recommandation visant l'achat du site archéologique de la Baie des Sauvages pour en assurer la protection. On le persuade de ne pas insister. Alcock siégera à cette Commission jusqu'en 1956 et son seul gain, si gain il y a, sera sa proposition de juin 1954 qui stipule que la bataille du Long-Sault soit déclarée un événement d'importance historique nationale. Cette résolution sera entérinée sans opposition, mais l'on y ajoutera en bas de page : « qu'aucune action ne soit prise en vertu d'une désignation du site avant que d'autres informations ne soient disponibles [14] ».

En ce qui concerne la CSMHC, l'affaire est bel et bien terminée, puisqu'aucune cueillette de données supplémentaires est instituée. Bientôt, l'abbé H. d'Eschambeault en assumera la présidence, instaurant le *statu quo* le plus complet. Alcock se retire en 1956 de la fonction publique. Sa croisade visant la protection légale du site de la Baie des Sauvages trouvera-t-elle preneur ailleurs ?

NOTES

1. Fonds Thomas E. Lee, Musée canadien des civilisations, Hull, boîte 3, dossier 9.

2. Les écluses de Carillon-Grenville furent terminées en 1833.

3. On lui doit la découverte de plus de 400 sites historiques en plus de 200 travaux publiés.

4. *Anthropological Journal of Canada*, volume 21, page 29, 1983.

5. Cette région fut habitée par la culture des « Indiens de la péninsule », vieille de 2 000 ans.

6. *Anthropological Journal of Canada*, *ibid.*, page 24.

7. Musée national du Canada, Rapport annuel, bulletin n° 128.

8. A. F. Dewar, « Site of Dollard des Ormeaux Epic », *Lachute's Watchman*, 26 mars et 2 avril 1952.

9. « The Antiquity of the Sheguiandah Site », *Canadian Field Naturalist*, volume 71, n° 3, pages 117-137.

10. Jean Lesage, ministre du Nord canadien et des Ressources nationales de 1953 à 1957 ; chef libéral du Québec en 1958 et premier ministre de 1960 à 1966.

11. *Mes mémoires, op. cit.*, 8ᵉ volume, page 301.

12. Son président, M. H. Long, s'indigne que le gouvernenment n'ait pas entériné la recommandation de la Commission royale Massey de donner une représentation de son association auprès de la CMSHC.

13. Lettres à G. Childe, 31 décembre 1951 et 7 janvier 1952, Archives nationales, RG 84, INT 148, volume 1325, dossier HS 8-64, pt 3.

14. Procès-verbal de la CMSHC, Archives nationales, RG-37, volume 395.

Chapitre 5

JACQUES ROUSSEAU

DU NOUVEAU

En septembre 1956, le Musée national se divise en deux sections, soit les sciences humaines et les sciences naturelles. Marius Barbeau, qui est toujours présent dans la régie interne du Musée, voit dans cette restructuration une porte ouverte à la nomination d'une connaissance de longue date, le Dr Jacques Rousseau [1], directeur au Jardin botanique de Montréal et un des rares scientifiques québécois bénéficiant d'une renommée internationale. Surtout connu pour ses travaux sur l'ethno-botanie du Nouveau-Québec, Rousseau a contribué substantiellement à l'avancement de l'anthropologie. Son apport unique consiste en l'étude de l'univers botanique et faunique comme fondement et soutien des systèmes sociaux des sociétés archaïques. Il en fit personnellement la démonstration auprès des Montagnais, Naskapi et Inuits de l'Ungava. Membre de plusieurs sociétés scientifiques dont la Société des Dix [2], il est l'auteur de plusieurs ouvrages relatifs à l'histoire et la géographie. Rousseau est le candidat idéal pour une fonction publique, qui a reçu la consigne d'augmenter le nombre de ses représentants francophones aux postes de direction.

Marius Barbeau reçoit son ami à bras ouverts et lui offre quelques conseils. Parmi ceux-ci, se glisse une directive à peine voilée de se débarrasser d'un certain Tom Lee du service d'archéologie, qui présente, selon l'interlocuteur, un problème constant au bon déroulement interne du Musée. Barbeau fait surtout allusion aux récents travaux de Lee à l'île Manitoulin, recherches qui avaient encore bouleversé la quiétude du Musée à cause de la nature controversée de leurs conclusions [3]. Barbeau souligne à Rousseau que Lee exerce des pressions indues afin que les fouilles de la Baie des Sauvages soient reprises. Sans élaborer plus que nécessaire, l'ethnologue confie à Rousseau que pour faciliter son intégration à son nouveau poste, il serait souhaitable de forcer le départ de Lee et que, pour ce faire, il obtiendrait tout le soutien nécessaire de la haute direction.

Rousseau en prend bonne note et remercie son ami Barbeau de son appui et de ses conseils. Il n'a sûrement pas l'intention de se faire embêter par un employé que l'on qualifie de cas problème. Aussi ne tarde-t-il pas, dès son entrée en fonction, à rencontrer un à un tous les employés sous sa direction. Lors de son entretien avec Lee, Rousseau est vite décontenancé. Il reconnaît immédiatement en Lee un chercheur rigoureux dont les travaux sont d'un inestimable intérêt scientifique. Il a peine à comprendre pourquoi on lui a demandé de se départir d'un collaborateur aussi précieux.

Rousseau est un fervent admirateur des exploits de Dollard des Ormeaux. Il a participé assidûment aux diverses fêtes en son honneur et se croit très au fait de tout ce qui a été écrit à ce sujet. Les travaux de Lee à la Baie des Sauvages sont une première pour lui, et l'exposé de l'archéologue l'émeut au plus haut point. Comment expliquer alors que ces nouvelles données sur l'exploit du Long-

Sault ne se soient pas plus répandues ? En toute naïveté, Lee lui confie qu'il a toujours soupçonné les jalousies internes comme principal obstacle à la diffusion de ses travaux et, conséquemment, à une reprise des fouilles. Devant ces faits nouveaux, Rousseau conclut à la faveur de Lee et lui offre sa solidarité d'homme de science. Malgré l'amitié qu'il porte à Barbeau, Rousseau le devine un peu « ratoureux », donc suspect. Mais avant toute chose, il y a la rigueur de l'excercice scientifique et personne ne viendra lui dicter sa façon d'agir dans les dossiers relevantde sa compétence professionnelle. Néanmoins, Rousseau n'est pas sans reconnaître que, dans l'affaire Dollard, il doit jouer de prudence. Il fera sa petite enquête privée.

LA DESCENTE DES RAPIDES

Jacques Rousseau a plus de trente ans d'expérience comme chercheur. Son travail l'a amené à parcourir en canot et à pied les régions les plus inhospitalières du con tinent. Comme nul n'est mieux servi que par soi-même, il organise la descente en canot du Long-Sault, accompagné de son fils François et d'un navigateur expérimenté du Long-Sault, un dénommé Clément Bertrand.

Nous avons mis l'embarcation à l'eau dans la partie supérieure du canal de Grenville, sur la rive nord de l'Outaouais. Or sans que nous y soyons pour rien, simplement emportés par le courant, nous avons glissé irrésistiblement ; j'allais dire « infailliblement », sur la rive sud. J'ai même craint un moment que notre embarcation ne vienne se fracasser sur la falaise à l'embouchure de la petite rivière Rideau, mais le courant a brusquement corrigé la course et nous a conduits sur la grève au pied de la petite éminence, où Lee a trouvé les restes d'un fortin ancien. Une fois engagés dans le courant, nous ne pouvions suivre une autre route. Nous avions là «le passage infaillible» de Dollier de Casson, et à partir de ce jour, j'ai attaché à son expression une importance que

69

je ne lui donnais pas auparavant. C'est par là, «infailliblement», que devaient descendre Radisson et, avant lui, les Iroquois rencontrés par Dollard [4].

Rousseau est maintenant convaincu de pouvoir poursuivre sans interruption ou obstruction de quiconque cette recherche qui, de toute évidence, relève strictement de sa compétence en tant que directeur de service. Il ne laissera pas les querelles stériles des bu-reaucrates contrevenir. Mais il concède que cette affaire exige un minimum de discrétion. Il sera prudent.

LA REPRISE DES FOUILLES

M. Ernest Côté, sous-ministre responsable du Musée, est depuis peu à ses fonctions et sa rencontre avec Jacques Rousseau lui fait miroiter une collaboration fort stimulante, d'autant plus qu'il aspire à une longue et prospère carrière dans les corridors du pouvoir. Le dimanche 3 novembre 1957, il accepte d'emblée de se rendre à la Baie des Sauvages pour rencontrer Tom Lee qui le mettra au fait des détails concernant ce site fort prometteur. Le mémo de Rousseau est clair. On se doit d'acquérir ce site afin de le protéger et ainsi procéder à des travaux complets. Fort du témoignage éclairé de Lee, Côté constate sur place la compatibilité exceptionnelle du site avec la tradition et il décide de la nécessité de donner suite aux recommandations de Rousseau. En bon gestionnaire, il rédige deux jours plus tard un mémo dans lequel il dicte toutes les actions à entreprendre avant que le gouvernement (s'il le juge opportun) acquière le site pour en faire un parc national en commémoration de l'exploit du Long-Sault. Lee devra rédiger un rapport supplémentaire, la section des sites historiques déposera une étude historique approfondie et on obtiendra de l'Ontario une désignation conforme à sa législation de 1953 sur les sites archéologiques, afin de pouvoir finaliser les fouilles [5].

Dessin de Christian Quesnel

LA VIEILLE DAME
Anne Dewar

Photo : John Taylor

L'ARCHÉOLOGUE
Thomas Lee

Archives du Centre de recherche Lionel-Groulx,
photo prise par Albert Dumas (P1/T1, 2.15)

ET LE CHANOINE
Lionel Groulx

Dans son enthousiasme, Côté demande qu'on prépare sans plus tarder une lettre que son nouveau patron,
le ministre Francis A. G. Hamilton [6], enverrait au ministre
ontarien Bryan Lewis Cathcart [7] pour l'inviter à procéder le
plus tôt possible à une désignation du site. En l'absence
du Dr Rousseau, qui assiste à une conférence à l'extérieur,
l'archéologue en chef MacNeish donne immédiatement
suite au mémo de Côté. Rousseau sera quelque peu pris
de court par cette initiative de son subalterne. Il aurait
préféré convaincre Côté d'adopter une démarche plus
discrète, c'est-à-dire de passer outre à la demande auprès
du ministre ontarien. Trop tard. Le 27 novembre 1957,
Cathcart donne sa réponse à son collègue d'Ottawa. Il est
tout désireux de collaborer à la reconnaissance d'un événement d'importance nationale, dont il a personnellement
toujours reconnu la valeur héroïque de cette période
romantique de notre histoire. Il inclut dans sa missive le
formulaire de demande de permis et précise : « dès que nous
le recevrons, le site sera désigné et votre service sera alors
autorisé à entreprendre toutes excavations nécessaires, le
tout en accord avec le propriétaire du site. [8] » Alfred Lavigne,
propriétaire depuis 1942 de la ferme Ross, n'hésite absolu-
ment pas à donner son assentiment :

> Il me fut toujours des plus agréables de collaborer
> étroitement avec M. T. E. Lee de même qu'avec tous
> les autres afin d'activer ces recherches archéologiques
> en leur laissant l'opportunité de poursuivre leurs
> travaux à leur guise. C'est dans cet esprit que je vous
> accorde la permission de poursuivre vos recherches [9].

Dès le début des fouilles sur sa ferme, Alfred Lavigne
est fort impressionné par la rigueur du travail de Lee. Il
se considère comme un homme de son temps et n'a aucune
crainte à reconnaître le bien-fondé des travaux. Il y voit
même la raison d'une certaine fierté puisque sa famille est,
par un jeu de circonstances, associée à un grand moment

de notre histoire nationale. Enfin tout semble rouler sur des roulettes pour que le site de la Baie des Sauvages soit enfin mis en valeur !

Le printemps se pointe déjà et le service des Parcs nationaux n'a toujours pas rempli la demande de désignation auprès du ministère ontarien. Rousseau n'y voit qu'un négligeable détail puisque, légalement, seule la permission du propriétaire constitue le préalable absolu pour tenir ces fouilles. Il donne alors le feu vert à Lee, qui poursuit à intervalles réguliers son travail de consolidation à la Baie des Sauvages, sans toutefois en faire part au public, question de ne pas irriter les autorités ontariennes.

On fit alors une découverte des plus significative ; une ligne courbe d'excellente moisissure de poteaux fut trouvée à environ quatre pieds à l'extérieur de la palissade principale et concentrique à celle-ci ! Enfin la déclaration de Radisson — «c'était un beau fort; trois étaient autour des deux autres» —, déclaration qui avait intrigué et fait réfléchir plusieurs, était enfin comprise ; dans son anglais boiteux, Radisson avait essayé de dire qu'une troisième palissade encerclait la double clôture [10].

Dans son rapport en date de 1953, Thomas Lee avait décrit une construction d'un type particulier dit de «gabions», avec une double rangée de poteaux espacée l'une de l'autre de deux à quatre pieds en différents endroits, le tout rempli de terre à hauteur d'homme. L'affaissement vers l'extérieur de ces palissades incendiées offrait des indices précieux aux yeux de l'archéologue qui, ainsi, avait pu reconstituer le nombre et l'emplacement des meurtrières. La troisième palissade, beaucoup moins solide, avait comme objectif d'empêcher l'ennemi de s'approcher trop près de ces mêmes meurtrières. La description détaillée fournie par Lee venait ajouter de précieux renseignements à l'affaire Dollard, lesquels auraient donné lieu à de véritables réjouissances dans certains milieux universitaires. Mais tel n'était pas le cas à Ottawa.

UN RETOUR EN ARRIÈRE

Cette reprise des travaux à la Baie des Sauvages est maintenant très mal perçue par la haute direction. Ernest Côté a visiblement reçu une réprimande pour avoir indûment participé à la résurrection du dossier Dollard et il s'affaire maintenant à réparer les pots cassés [11]. Le *statu quo* intégral de la «question Dollard» doit être à tout prix préservé.

Même s'il y un nouveau gouvernement à Ottawa, les sensibilités québécoises sont toujours une considération politique. L'élection de mai 1958 voit la machine électorale de Duplessis soutenir le parti conservateur de Diefenbaker dans l'obtention d'une des plus grandes majorités jamais donnée à un parti fédéral. Le Chef a depuis longtemps fait savoir qu'il ne voulait pas d'ingérence dans sa province. Le Lion se fera un plaisir de l'accommoder. Que les chercheurs du Musée national d'Ottawa se le tiennent pour dit !

Les règles du jeu au sein du Musée national sont restaurées et les fouilles à la Baie des Sauvages doivent cesser. Le problème pour Côté réside dans la façon de s'y prendre pour convaincre le Dr Rousseau d'obtempérer. Ce dernier défend farouchement sa prépondérance dans les affaires scientifiques de la section qu'il dirige. Comme prévu, il refuse de donner raison à Côté.

Pauvre de lui ! Les mandarins de la fonction publique d'Ottawa en ont vu d'autres. On doit se débarrasser du gêneur. L'opération Jacques Rousseau est mise en branle. La stratégie est toujours la même. On met tout en place afin de discréditer la personne visée, on mine son autorité de mille et une façons et on encourage les confrontations verbales afin d'empoisonner le climat de travail de la victime. L'envoi d'un collaborateur à une mission d'étude dans une bibliothèque américaine devient un véritable cauchemar. Le formulaire désigné aurait été mal rempli par Rousseau. Les paiements à l'employé en mission sont retirés. Rousseau est dans l'embarras et sa marge de manœuvre comme directeur de recherche est considérablement diminuée. De plus, les communications venant de Côté sont systématiquement dirigées vers des subalternes, ce qui occasionne à l'administrateur en sursis de grandes frustrations. Son autorité dans l'environnement immédiat du bureau est contestée. À preuve cet incident : lors d'une tentative, de sa part, d'empêcher l'utilisation frauduleuse du service de sténographe, Rousseau est menacé physiquement par un des employés séniors mis en cause. Il n'a droit, en retour, à aucun appui de la direction afin d'obtenir réprimande ou excuses de l'employé fautif. Rousseau s'attribue alors la responsabilité morale de restaurer la primauté de l'éthique professionnelle au Musée, et il promet de s'attaquer à ce qu'il appelle de flagrants abus de pouvoir, d'ivrognerie, d'immoralité et de manipulation irrégulière des deniers publics [12]. Toute une commande !

CONGÉDIEMENT, EXIL ET DÉMISSION

À peine âgé de 53 ans, le Dr Rousseau subit le premier d'une série de malaises cardiaques qui l'affligeront sa vie durant. Son médecin lui ordonne un repos forcé de trois mois. La stratégie bureaucratique qui consiste à neutraliser l'employé Rousseau entre maintenant dans la phase dite de «mise en boîte». À son retour de convalescence, Rousseau est reçu avec une offre de rétrogradation à peine dissimulée. Il refuse avec véhémence cette tentative de le soustraire de son poste véritable. L'affaire prend des proportions énormes. Il n'est plus possible pour personne de feindre le simple malentendu. Marius Barbeau a, depuis un bon moment déjà, pris ses distances vis-à-vis de Rousseau ; jadis l'instrument de son embauche, il est maintenant le porte-parole du groupe visant son renvoi.

Des clans se forment, afin de soutenir le vent de réforme préconisé par Rousseau ou Barbeau qui, au nom de la direction, veut rétablir la stabilité. Les journalistes en poste à Ottawa s'emparent rapidement d'une querelle qui promet plusieurs rebondissements, surtout dans une ville reconnue pour être d'un ennui mortel. Le quotidien torontois *The Telegram* délègue un des ses meilleurs journalistes, Peter Dempson, qui rencontre les principaux acteurs et rédige un article-choc. Dans son édition du samedi 27 décembre 1958, le quotidien titre en première page : « La dissension divise la haute direction du Musée ». On y retrouve les photos de Lee, Rousseau et Barbeau ainsi qu'une illustration de Dollard des Ormeaux, sous-titrée : «dont la bataille célèbre fait l'objet d'une dispute». La vignette sous la photo de Lee indique que son rendement fut l'objet d'une enquête et trouvé fort satisfaisant ; de Barbeau on indique que l'ethnologue à la retraite fait partie du groupe qui cherche à renvoyer le Dr Rousseau ; et pour ce dernier on indique que toute cette affaire lui a occasionné un malaise cardiaque. De quoi faire un fort intéressant article à sensation. Quel scandale pour la noble institution !

Pendant que se déroule ce drame propre à Ottawa, Tom Lee doit, pour des raisons de santé, écourter ses fouilles entreprises à la Baie des Sauvages. Il ne se fait plus d'illusion et sait qu'il n'a plus rien à espérer du Musée. Le sort réservé à son ami Rousseau le peine déjà suffisamment. Sachant à quoi s'en tenir, il jure de ne collaborer avec ses patrons que s'il perçoit chez eux une véritable volonté d'étaler au grand jour la pleine mesure de ses travaux. Ses récentes découvertes sont peut-être pour un autre temps, une autre époque. Il range ses notes de travail dans un endroit sûr et se prépare au pire.

Devant le refus répété de Rousseau d'accepter un poste de responsabilité inférieure, la fonction publique recourt à la solution finale. Le 28 février 1959, le Conseil privé signe un arrêté en conseil qui confirme le congédiement pur et simple du directeur de la section des sciences humaines du Musée national. Rousseau est furieux devant autant d'injustice. Il alerte le chef parlementaire de la CCF [13], Hazen Argue, qui tente de capitaliser les retombées de ce scandale à la Chambre des communes. Le 17 mars, Jacques Rousseau exécute un coup d'éclat afin de se faire justice. Il distribue aux membres de la tribune parlementaire d'Ottawa un document étoffé dans lequel il attribue son congédiement à sa volonté de dénoncer des irrégularités grossières au sein du Musée national. Mis au courant de sa croisade sur la colline du Parlement, ses anciens employeurs sortent au même moment une carte maîtresse de leur manche. Ils offrent en pâture à la Presse canadienne le texte d'une résolution du comité exécutif de la Ville de Montréal, en date du 14 mars 1956, relevant le Dr Rousseau de ses responsabilités à l'égard du personnel du Jardin botanique. L'analogie avec ses problèmes actuels est trop grande. Désarçonné, Rousseau abandonne et se réfugie à Paris où il accepte un poste de professeur associé aux études nordiques à la Sorbonne.

De retour de convalescence, Lee abandonne son poste au Musée, en guise de solidarité envers son ami Rousseau. Avec deux enfants à charge et aucun emploi en perspective, il se met dans l'embarras financier pour préserver sa dignité. Quant à Anne Dewar, elle rédige une lettre de protestation qui paraît dans *The Ottawa Journal* et qui illustre sa grande sensibilité aux véritables enjeux de cet imbroglio : « It does seem that Canada can scarcely afford to loose the services of these two outstanding men [Lee et Rousseau] who believe truth to be more important than error, and a united nation better than a divided one. [14] »

NOTES

1. Né le 5 octobre 1905, diplômé de Cornell et Harvard.

2. Société scientifique fondée en 1935 ; publie annuellement le *Cahier des Dix.*

3. Thomas E. Lee, « The Antiquity of the Sheguiandah Site », *The Canadian Field-Naturalist,* 1957, volume 71, n° 3, pages 117-137. (notes) Par ces travaux, Lee recule de plusieurs millénaires l'apparition acceptée de l'homme en Amérique du Nord. Les plus réçents ouvrages se rapprochent nettement de ces conclusions.

4. J. Rousseau, « Archéologie, histoire et hydrologie », *La Bataille du Long-Sault,* SSJBO, 1962, page 12.

5. Mémo de E. Côté à J. Rousseau, 5 novembre 1957, Archives nationales, RG-84, 3 pages.

6. Francis A. G. Hamilton, ministre du gouvernement Diefenbaker, remplace Jean Lesage au ministère, 1957-1960.

7. Bryan L. Cathcart, ministre ontarien du Tourisme et de la Publicité, responsable des Sites historiques et des législations en découlant.

8. Lettre de Bryan L. Cathcart à Francis A. Hamilton, 27 novembre 1957, Archives nationales (traduction libre).

9. Lettre d'Alfred Lavigne à A. Richardson, 20 octobre 1958, *ibid.,* pt 2.

10. Thomas Lee, « Le champ de bataille perdu du Long-Sault », SSJBO, 24 juin 1962, page 7.

11. Mme Dlodwin Davies, folkloriste et amie de Lee, provoque la colère de Côté lorsqu'elle s'enquiert auprès de Diefenbaker de l'affaire Dollard (voir correspondance de R. Lee à J. Laporte, 1994).

12. Jean Quimper, « L'ex-directeur du Musée aurait relevé des abus », *Le Droit,* 17 mars 1959, frontispice.

13. *Co-operative Commonwealth Federation,* prédécesseur du Nouveau parti démocratique du Canada.

14. Extrait d'une compilation des archives d'Anne Dewar, préparée par Thomas Lee et figurant dans le Fonds Lessard.

Chapitre 6

LE COMITÉ DU LONG-SAULT

FRANÇARIO PUBLIE !

Urbain Lavigne, fils d'Alfred, est le nouveau vétérinaire de la petite municipalité de Rockland, dans l'Est ontarien. Lors de ses visites à la ferme paternelle, il a l'occasion de rencontrer Tom Lee besognant à ses travaux de la Baie des Sauvages. L'expertise et la rigueur de Lee l'ont depuis un bon bout de temps convaincu de l'importance dramatique de sa découverte. C'est pourquoi il accumule la plupart des ouvrages que Lee lui propose de lire. Comme son père Alfred, il partage la fierté de pouvoir s'associer à la mise en valeur d'un site historique important. Les problèmes internes du Musée national le laissent perplexe. C'est son père qui lui apprend la démission de Lee et l'arrêt des démarches visant l'achat du site par les autorités fédérales. Urbain Lavigne y voit une interférence marquée dans le déroulement légitime d'une question d'un grand intérêt pour les Canadiens français. Comme la plupart des professionnels ou cadres de la société franco-ontarienne, Urbain Lavigne fait partie de l'Ordre de Jacques-Cartier [1], ce qui lui donne un accès privilégié auprès des divers intervenants de la communauté. C'est dans cet esprit qu'il rencontre, en ce début de l'an 1960, Antonin Lalonde, éditeur et fondateur de l'hebdomadaire *Françario*, à son domicile de Bourget.

79

Antonin Lalonde est agronome de formation et patriote par conviction. Il est un fervent défenseur des écoles secondaires privées, catholiques et bilingues, par opposition aux écoles non confessionnelles et anglophones du système public ontarien. Géant de la « la cause », il participe à de multiples associations pour l'avancement des siens et témoigne d'une lucidité exemplaire dans toutes ses entreprises, et ce, dans une province où le combat sert toujours de prémisses à l'épanouissement. Comme la plupart des nationalistes canadiens-français, la première réaction d'Antonin Lalonde à l'affaire Dollard en est une de méfiance. Il voit dans les travaux de Lee un effort délibéré d'amoindrir une grande célébration de la fierté des Canadiens français, soit la fête solennelle du 24 mai en l'honneur des héros de Carillon. Mais à la lecture de la documentation que lui fournit son confrère de l'Ordre, et dans l'esprit d'une démarche intellectuelle qui lui fera toujours honneur, Lalonde se rend rapidement à l'évidence. Il y a de toute évidence matière à une enquête approfondie de sa part, et si les prétentions de Lee devaient être justes, il se fera avec grande joie le propagandiste de cette nouvelle réalité.

Retrouver Tom Lee n'est pas une mince affaire. Par discrétion, le Musée ne donne pas les coordonnées de ses anciens employés. C'est par les talents d'investigateur de son frère Robert qu'Antonin Lalonde relance Tom Lee, dans sa solitude à l'extrémité ouest de la ville d'Ottawa. Il s'engage dès lors dans de longues discussions avec l'archéologue. Convaincu de la justesse des conclusions de ce dernier, il offre son entière collaboration afin que les travaux à la Baie des Sauvages soient enfin reconnus. Lee et Lalonde deviennent rapidement de bons amis, une amitié que leurs survivants perpétueront jusqu'à ce jour.

Dans l'édition du 18 mai 1960 de *Françario*, Antonin Lalonde publie un document inédit de Lee avec photos à l'appui. En ce tricentenaire du combat du Long-Sault, l'article a un impact certain. On y lit : «Enfin la vérité et des preuves sur Dollard des Ormeaux et le Long-Sault. L'exploit de 1660 s'est accompli "chez nous", entre Hawkesbury et Chute-à-Blondeau.» Un autre article ne laisse aucun doute sur un des enjeux fondamentaux du débat à venir. « Maintenant réjouissons-nous (...) de ce que les cendres des héros du Long-Sault soient le précieux héritage des Franco-Ontariens : ils l'ont bien mérité par la glorieuse épopée de leurs luttes scolaires [2] ». La publication initiale de l'article suscite un intérêt qui dépasse largement la portée habituelle du petit journal. On doit en tirer deux éditions supplémentaires, car on en réclame non seulement pour une distribution dans différentes provinces canadiennes, mais même aux États-Unis et en Europe.

Il ne faut pas oublier que cette découverte a suscité un intérêt certain dans diverses parties du monde. Il est convenu que le combat de 1660 a contribué directement à l'histoire de l'Amérique du Nord puisqu'il a probablement préservé la Nouvelle-France de l'anéantissement. Parmi les publications savantes qui ont éveillé l'attention de milliers de chercheurs sur les faits concernant la vaillante résistance de Dollard des Ormeaux, on retrouve le *Pennsylvania Archeologist*, l'*Interamerican* du Texas et le *Science of Man* de Californie. En Europe, la revue italienne *Genus* publie un article exhaustif de Lee et la publication britannique *New World Antiquity* juge bon de noter le «problème» canadien.

Même les pressions politiques rattachées au travail d'archéologie ne connaissent pas de frontière. L'éditeur du *Pennsylvania Archeologist*, Vernon Leslie, attribue son retrait forcé du périodique, qu'il dirigea de 1950 à 1961, à son entêtement à publier en août 1961 un article traitant du travail de Lee à la Baie des Sauvages. Cet article avait de toute évidence mis dans l'embarras des représentants américains anxieux de ne pas déplaire à leurs homologues canadiens.

Les écrits de Lalonde dans *Françario* et son appel à la fierté des Franco-Ontariens ne sont pas sans jeter de l'huile sur le feu de l'affaire Dollard, et même inquiéter certains intervenants, dont Hydro-Québec qui construit depuis 1959 un important barrage et une centrale hydroélectrique à Carillon. Cet ouvrage devrait, dès 1962, inonder une bonne partie des berges de la région du Long-Sault, dont le site archéologique de la Baie des Sauvages. Le coteau de Carillon qui abrite le monument à Dollard est épargné puisqu'il est en aval de cette imposante structure de béton de plus de 25 mètres de hauteur et 400 mètres de long. Soucieux de conserver une image de bon voisinage, les dirigeants d'Hydro-Québec devront se montrer attentifs et respectueux de l'opinion publique par rapport à la question Dollard.

LE TRICENTENAIRE

Le culte de Dollard est toujours bien vivant au Canada français en cette année 1960, malgré les attaques des révisionnistes qui se font plus virulentes à l'approche des diverses fêtes au programme du tricentenaire. Le chanoine Groulx sent le besoin de secouer les troupes et il publie alors un court plaidoyer intitulé *Dollard est-il un mythe ?*[3] afin, dit-il, « de me porter à nouveau à la rescousse de ce pauvre Dollard. À l'approche du 300e anniversaire, beaucoup de consciences, surtout parmi les jeunes, se sentaient timorées[4] ». Son plaidoyer vient uniquement à la défense de l'interprétation héroïque du combat de Dollard et de ses compagnons ; il ne traite nullement de l'emplacement du combat, se limitant plutôt à la généralité que véhicule l'expression « au Long-Sault ».

Le dimanche 29 mai 1960, plus de huit jours de manifestations diverses prennent fin avec les cérémonies d'usage au monument à Dollard, à Carillon. Le chanoine Groulx partage alors la tribune avec Mgr Olivier Maurault [5] et Mgr Émilien Frenette, évêque de Saint-Jérôme. L'allocution de ce dernier porte sur le fondement et les exigences du patriotisme, le tout à la lumière du sacrifice de Dollard et de ses compagnons. Le prélat rappelle à son auditoire les paroles du cardinal Paul-Émile Léger qui, à la manifestation du 23 mai à Montréal, proclamait qu'il lui suffisait de savoir qu'un homme avait donné sa vie pour les autres pour qu'on veuille le prendre en modèle.

Maintenant que les fêtes du tricentenaire sont terminées et que, toutes proportions gardées, le bilan est fort satisfaisant, Lionel Groulx se tourne vers un projet qui lui tient vraiment à cœur. La priorité consiste maintenant à concrétiser la promesse électorale d'un certain Daniel Johnson, ministre des Ressources hydrauliques, qui a promis publiquement, lors de son passage à Carillon, d'y établir un parc commémoratif Dollard-des-Ormeaux, avec réplique du fort [6]. Dans l'esprit du chanoine, ce parc donnera au culte de Dollard une légitimité qu'il espère longue et incontournable. Groulx sait que l'avenir d'une célébration nationaliste à saveur religieuse n'est pas assuré en ces temps de renouveau. Aussi croit-il que ce parc sera une façon honorable de moderniser le culte de Dollard. Dès janvier 1962, le Comité du parc Dollard-des-Ormeaux, formé par Hydro-Québec, se met au travail et tout est complété en 1967. La réplique du fortin n'y sera pas, mais on y érigera un imposant monument de style abstrait composé de plus de dix-huit monolithes (un pour chaque compagnon de Dollard et un pour les nations indiennes), dont certains auront huit mètres de hauteur. L'œuvre de l'architecte Jacques Folch-Ribas, avec la collaboration des sculpteurs Paul Borduas et Jordi Bonet, trône avec une noble discrétion au-dessus du barrage hydroélectrique de Carillon.

LA SOCIÉTÉ SAINT-JEAN-BAPTISTE

La parution de l'article explosif de Tom Lee dans *Françario* intéresse Hector Roy, ancien président de la Société Saint-Jean-Baptiste de l'Ontario (SSJBO) et organiteur hors pair de conférences et débats publics, souvent sur des questions nationalistes intéressant de nombreux francophones de la région de la capitale fédérale. Intrigué par les articles que *Françario* publie sur la redoute de Dollard des Ormeaux, Roy rencontre Antonin Lalonde et Tom Lee, et se rallie à leurs démarches. Ils conviennent alors de la nécessité d'une action concertée afin de faire bouger les choses. Hector Roy s'engage à sensibiliser les administrateurs de la SSJBO, dont le siège social se trouve à la Maison franco-ontarienne, rue Wurtemburg à Ottawa. Il leur demandera de financer et de soutenir ses démarches en vue de l'élaboration d'un plan d'action qui verrait à obtenir la reconnaissance et l'achèvement des travaux de Lee ainsi que la mise en valeur du site.

Suite à une rencontre avec ses pairs de la Société, il rapporte l'anecdote suivante. « Devant la surprise de certains membres qui ne comprenaient plus rien à mon attitude, je m'empressai de les rassurer en leur faisant savoir qu'il ne s'agissait pas ici d'enlever au Québec quoi que ce soit, mais bien de rétablir les faits et gestes tels qu'ils se sont produits dans le temps. En d'autres termes, rendons au Québec ce qui appartient au Québec et à l'Ontario ce qui appartient à l'Ontario [7] ». Rassuré par ce plaidoyer, le Conseil d'administration lui donne le feu vert pour faire toute la lumière sur ces allégations de la plus haute importance. Un comité du Long-Sault ne tarde pas à être créé et contribuera de façon significative à la cause de Lee. Accompagné de l'archéologue, Hector Roy entame alors une tournée afin de rencontrer des gens susceptibles de leur venir en aide. Paradoxalement, leur premier arrêt se fait à la résidence d'été du chanoine Groulx, à

Vaudreuil, le 14 juillet 1960. Tom Lee raconte la première de deux rencontres avec le chanoine.

Je réalise alors que Groulx était celui qui insistait que la bataille ait eu lieu à Carillon. Il me présente alors sous le nez un bouquin, et me demande avec un brin d'impatience :
— Avez-vous lu ceci ?
Ayant lu la traduction anglaise du dit bouquin je réplique :
— Non je n'ai pas lu cet ouvrage spécifique, mais...
N'ayant pu terminer ma phrase (sic), il se met alors à me traduire sur un ton prépondérant des passages du dit bouquin. Me rendant compte qu'il continuerait longtemps avant que je puisse l'arrêter, je glisse ma main dans ma serviette et en retire la traduction anglaise du même ouvrage, qui y était par un heureux hasard.
C'était ce qu'on avait qualifié de soi-disant *Journal* du Chevalier de Troyes[8], et je me mis alors à lire en duo, les mêmes passages et au même rythme que lui. Dès qu'il s'en aperçut, il ferma son livre et le remit dans sa bibliothèque.
Il conclut alors que si j'avais toutes les évidences en main, il n'avait plus rien à ajouter. Le reste de la rencontre se passa sans anicroche, mais je ne crois pas que nous avons fait une impression favorable à notre hôte.
Hector Roy, lui, de conclure : Après une longue et fatigante session, il en ressort que le Chanoine, tout honnête qu'il est, aurait sûrement de la peine à voir se déplacer du côté ontarien l'endroit de la Bataille du Long-Sault ; et comment voulez-vous qu'il en soit autrement[9] ?

Quelques semaines plus tard, le duo poursuit sa tournée. Suite à la recommandation du curé St-Martin, de Carillon, les deux hommes rencontrent Mgr H. D. J. Brousseau, prélat domestique, à sa résidence de Montebello. Ils découvrent chez ce professeur retraité de l'Université d'Ottawa une surprenante connaissance de l'histoire régionale. Brousseau leur offre ses encouragements et les invite, en tant qu'ami, à être prudents, car « ça sent la politique à plein nez ». Malgré qu'Hector Roy ait noté cet avertissement, afin de l'inclure dans son rapport écrit, il ne pourra jamais vraiment identifier les adversaires politiques tels que pressentis par Mgr Brousseau.

LA RÉUNION DU 6 OCTOBRE 1960

Les visites répétées d'Hector Roy, auprès des ingénieurs et responsables du chantier de construction du barrage de Carillon, contribuent à alerter Jean-Claude Lessard, président de la Commission hydroélectrique du Québec, qui délègue immédiatement Marcel Couture, du service des relations publiques, pour assurer le suivi de ce dossier pour le moins inaccoutumé. On est fort préoccupé à l'Hydro des retombées négatives de la mise en chantier, à Carillon, d'un parc à la mémoire de Dollard des Ormeaux... qui serait localisé au « mauvais endroit » ! En pareille circonstance, il est de mise pour les bureaucrates de protéger leurs arrières. Avant de libérer d'importantes sommes d'argent pour la construction du parc Dollard-des-Ormeaux, on veut obtenir des assurances. On mandate donc le président de l'Institut d'histoire de l'Amérique française de rassembler des spécialistes sur la question de Dollard pour en arriver à des recommandations appropriées sur l'emplacement précis du combat, compte tenu des travaux de l'archéologue Thomas Lee.

Lionel Groulx accepte avec diligence sa première mission de « désinformation ». Il convoque [10] à son bureau de la rue Bloomfield des gens qu'il sait complètement soumis à la désignation historique de Carillon, soit Mgr Olivier Maurault, le père Adrien Pouliot, les écrivains Jean-Paul Desrosiers et Gérard Malchelosse. Marcel Couture de l'Hydro y sera présent à titre d'observateur. La réunion a lieu le 6 octobre 1960, à 14 h 30, et Gérard Malchelosse décrit l'atmosphère en ces termes : « Comme d'autres, j'étais alors en faveur de Carillon, car depuis longtemps, on voulait que le combat ait eu lieu là. Point n'est besoin de vous dire que nous étions tous alors du même point de vue que Groulx [11].» La seule documentation fournie par Groulx aux membres du comité est un mémoire de douze pages préparé par Lee et remis lors de leur rencontre à Vaudreuil. Ce document [12] est simplement une entrée en matière, sans données archéologiques et sans un plan du site. Lee croyait que par un survol comparatif des faits historiques, topographiques et hydrologiques, le chanoine le convierait à revenir déposer les preuves archéologiques, puisqu'il était un des seuls habilités à les interpréter convenablement et qu'il était tout disposé à le faire.

La seule autre personne qui aurait très bien pu exposer les travaux de Lee, et ainsi participer activement aux délibérations du Comité, était le Dr Jacques Rousseau qui, de son exil à Paris, maintient une volumineuse correspondance avec le chanoine, ami et collaborateur de longue date. L'affaire Dollard demeure omniprésente dans cette relation épistolaire, surtout à l'approche du tricentenaire du fait d'armes. Rousseau confirme à Groulx son intention de retrouver des traces du seul survivant connu du charnier du Long-Sault : « Un compagnon de Dollard, Jury, a été racheté par les Hollandais puis renvoyé en France. Il y a peut-être espoir de trouver en France quelque récit qu'un historiographe de l'époque aurait obtenu de Jury. Je cherche ! Mais il faudra donner aussi ce "tuyau" à d'autres [13].»

Le 7 juin, Rousseau informe Groulx de son lien étroit avec les travaux de Lee. « Je vous ai dit dans ma dernière lettre que j'avais étudié le cas Dollard quand j'étais à Ottawa. L'un de mes hommes, Lee, a fait d'importantes fouilles... Quand je serai à Montréal cet automne, nous en causerons plus longuement [14].» En effet, le Dr Rousseau est bel et bien au Canada en ce début d'octobre. Mis au courant, par des représentants de l'Hydro, de la tenue d'une réunion importante chez Groulx, Rousseau tente de s'y faire inviter, sachant fort bien que son apport aux délibérations serait précieux. Le 5 octobre, il téléphone à son ami Groulx qui, « sans trop de chaleur [15] », l'invite à se joindre au groupe sélect à l'heure convenue. Malheureusement, Rousseau préside une réunion ministérielle ce même après-midi; il offre néanmoins de se joindre à eux dès sa réunion terminée. «J'ai donc espéré me rendre chez vous après ma réunion, mais la vôtre a été de trop courte durée, comme je l'ai appris par deux des membres présents que j'ai rencontrés vers 16 h 00 en ville [16].»

On apprend par cette remarque qu'une réunion dont les enjeux potentiels portaient sur la construction d'un parc commémoratif de plusieurs centaines de milliers de dollars ou la protection d'un site historique de première importance, avait à peine duré 90 minutes. Quatre-vingt-dix minutes d'une non-réunion, d'une non-discussion ! Selon Gérard Malchelosse, les gens présents auraient dressé un « plan de défense » et le père Adrien Pouliot aurait accepté d'écrire un mémoire pour Hydro-Québec. Ce qui transpire de cette mise en scène se trouve confiné dans l'édition de décembre de la *Revue d'histoire de l'Amérique française*. Sylvio Dumas y signe un mémoire aux conclusions fort révélatrices en ce qui concerne le « plan de défense » concocté le 6 octobre 1960 : « Souhaitons qu'on exécute des fouilles méthodiques à cet endroit [lire Carillon] de même qu'à Pointe-Fortune (Québec). On pourrait y découvrir des restes du fort de Dollard... Alors le parc Dollard-des-Ormeaux deviendra le haut lieu que désire en faire l'Hydro-Québec [il faudrait lire le chanoine Groulx] [17].»

Afin de désamorcer tous scrupules venant des com-missaires de l'Hydro en rapport avec l'absence intrigante du Dr Rousseau à cette réunion, le procès-verbal préparé par le père Pouliot indique que, «convoqué l'un des premiers, M. Jacques Rousseau ne put se rendre à la réunion[18]». Le père Pouliot avait traduit le plus diplomatiquement qu'il put une confidence du chanoine à l'effet que «Jacques Rousseau s'était abstenu volontairement d'y assister parce que le Chanoine avait omis d'inviter l'archéologue Lee[19]». Il va sans dire que cette variation dans les faits entraînera plus tard un vent de discorde entre Rousseau et Groulx. «Je n'ai pas assisté à la réunion tenue chez vous le 6 octobre 1960, tout simplement parce qu'on a fait en sorte que je n'y assiste pas[20].»

De retour à son poste à Paris, Rousseau n'est pas vraiment au fait de l'ampleur de la manipulation dont il a été la victime. À la lecture du procès-verbal de la réunion du 6 octobre, il tente d'expliquer cette anomalie : « On peut facilement croire que je n'ai pas voulu aller à la réunion (...) Je sais toutefois que le père Pouliot n'était pas mal intentionné dans cela comme dans le reste. Je le connais depuis fort longtemps, depuis le collège. Il est malheureusement naïf et malhabile[21].»

Le procès-verbal de la dite réunion se retrouve confiné dans la préface aux écrits de Dumas. Le père Pouliot y inscrit un souhait généreux, qui permet au comité de se donner bonne conscience : «La réunion émet le vœu toutefois que des fouilles archéologiques confiées à M. Thomas Lee, soient menées activement et sans retard, tant à Carillon que près de Hawkesbury. Les recherches sur la civilisation indienne, le prestige historique de la rivière [des] Outaouais, si longtemps grande voie transcontinentale et solide boulon qui a soudé, pendant tout l'ancien régime, l'Est à l'Ouest canadien, exigent ces fouilles[22].» Et pour bien ficeler le tout, on répète la stratégie que le notaire Morin avait employée en 1952 pour brouiller les

cartes et semer la confusion. Dumas réitère la notion far-
felue que le fortin découvert par Lee est celui de Chaudière
Noire. De la poudre aux yeux qui, de l'avis de Groulx,
mérite son approbation personnelle et un bon coup de
pouce. Pour se faire, il publie en appendice « quelques
extraits de nos cours inédits d'Histoire du Canada. On
y lira de brefs récits de quelques-unes des rencontres
franco-iroquoises de jadis, rencontres qui font soupçonner la présence de maints forts retranchés sur
l'Outaouais[22] ».

Dix années après avoir qualifié l'ouvrage de Victor
Morin[23] de concluant, Lionel Groulx reconfirme l'emplacement du combat épique de Dollard des Ormeaux qui, à ses
yeux, demeure toujours à Carillon et toujours au Québec !

NOTES

1. Organisation secrète vouée à l'avancement des causes canadiennes-françaises au Canada. Sera dissoute en 1966 suite au
désaccord avec l'aile québecoise sur la notion de la souveraineté
du Québec.

2. Égide Dandenault, «Ne trahissons pas Dollard», *Françario*,
30 mars 1961, page 8.

3. Fides, 25 avril 1960, 46 pages.

4. Lettre de L. Groulx à J. Rousseau, 10 mai 1960, CRLG.

5. Représentant de la Société d'histoire de Montréal, présent lors
du dévoilement de 1919.

6. *Lachute Watchman*, 1er juin 1960, page 1.

7. Rapport d'Hector Roy à la SSJBO, le 18 juillet 1960, CRCCF,
Université d'Ottawa.

8. Lee contestait le qualificatif de « journal » apposé aux écrits du
Chevalier.

9. Hector Roy, *idem*.

10. Convocation à Gérard Malchelosse de Lionel Groulx, 27 sep
tembre 1960, Fonds Malchelosse, Archives de l'Université Laval.

11. Lettre de Gérard Malchelosse à Guy Ferland, journaliste à
La Presse, 8 février 1962, Archives de l'Université Laval.

12. Thomas Lee, *Dollard fight. Where ?*, 1960, 12 pages, dossier
Dollard, CRLG.

13. Lettre de J. Rousseau à L. Groulx, 3 juin 1961, CRLG.

14. *Ibid.*, 7 juin 1960.

15. *Ibid.*, 17 mars 1962.

16. *Idem.*

17. Sylvio Dumas, «Le lieu de l'exploit du Long-Sault», RHAF, décembre 1960, page 366.

18. A. Pouliot, « Nouvel examen du dossier », RHAF, décembre 1960, page 354.

19. Lettre de Gérard Malchelosse à Guy Ferland, *op. cit.*

20. Lettre de J. Rousseau à L. Groulx, 17 mars 1962, CRLG.

21. *Ibid.*, 28 janvier 1961.

22. Adrien Pouliot, *ibid.*, pages 353-355.

23. Lionel Groulx, *ibid.*, pages 367-369.

24. Victor Morin, « L'emplacement du fort de Dollard des Ormeaux », RHAF, volume 6, numéro 1, 1952, pages 3-19.

Chapitre 7

UNE COURSE CONTRE LA MONTRE

RENÉ LÉVESQUE

Pendant que le comité bidon de Groulx feint l'étude exhaustive dans le bureau de ce dernier à Outremont, Tom Lee et Hector Roy se rendent à Bourget, chez Antonin Lalonde. Les trois Ontariens préparent ensemble leur rencontre prochaine avec le nouveau ministre des Travaux publics [1] du Québec, René Levesque. Ils espèrent pouvoir le convaincre de l'importance de préserver un site unique par la construction d'un remblai approprié et, si possible, de financer l'étape finale des fouilles archéologiques arbitrairement arrêtées suite au passage éphémère du Dr Jacques Rousseau au Musée national. Si l'on perçoit des signes encourageants de la part du ministre, on lui suggérera d'affecter Lee à ces fouilles, puisqu'il est un des rares candidats capables de mener ce genre de travail dans le Québec de 1960 [2] et qu'un emploi rémunéré à ce moment serait fortement apprécié par l'archéologue qui est sans revenu depuis son départ du Musée.

Le mardi 25 octobre, l'antichambre du ministre René Lévesque, à Québec, est remplie à craquer. Des gens à l'allure importante, serviette aux bras, font la queue dans l'espoir de rencontrer le candidat controversé de *l'équipe du tonnerre*[3]. Ils veulent surtout confirmer sur place le statut officiel de leurs contrats obtenus sous le précédent régime de l'Union nationale. Ils s'inquiètent visiblement de la volonté du nouveau ministre de revoir à la baisse ces dits contrats, souvent obtenus grâce à un système éhonté de patronage.

À leur grande surprise, Lee et Roy sont invités à devancer la file et à rencontrer le ministre pour une session qui sera beaucoup plus longue que prévue. René Lévesque écoute avec intérêt la présentation d'Hector Roy et pose ensuite plusieurs questions à Thomas Lee. Ce dernier décrit ainsi la scène :

> C'est alors qu'en fin renard, Lévesque profite d'une requête qui m'oblige à plonger dans ma serviette pour décrocher la véritable question qui l'intéressait :
> — Croyez-vous, M. Lee, que Dollard était vraiment un héros ?
> Surpris, je me redresse et sans hésiter je lui réponds : Bien sûr ! Il sut par mon regard que j'étais honnête dans ma réponse et il nous affirma qu'il ne présenterait aucune objection auprès de ses confrères responsables du dossier et qu'il verrait ce qu'il peut faire afin de favoriser mon embauche [4].

Par sa réaction, lors de cet échange, René Lévesque confirme la perception générale de l'époque. On associait toute révision de l'histoire officielle du Long-Sault à une tentative de dénigrer le culte de Dollard. Comme Lee, le Comité du Long-Sault témoigne de son admiration pour les sacrifices de Dollard et de ses compagnons, mais son insistance à relocaliser le lieu sacré demeure suspecte aux yeux de plusieurs. Cette méprise présentera un obstacle continu aux efforts du Comité du Long-Sault.

René Lévesque tient parole et n'offre pas de résistance au travail du Comité, sans toutefois lui apporter une aide déterminante. On peut croire que si certaines revendications du Comité du Long-Sault avaient mis en péril l'échéancier des travaux de Carillon, le ministre aurait probablement offert une résistance calculée. N'oublions pas que le barrage de Carillon — massif travail d'ingénierie — devait être sous la supervision de la firme Perini, de Boston, qui fut écartée à la dernière minute sous l'insistance de René Lévesque, au profit des ingénieurs d'Hydro-Québec. Aux yeux de Lévesque, Carillon représentait un banc d'essai pour l'expertise québécoise dans la grande aventure à venir du développement hydro-électrique des rivières aux Outardes et Manicouagan. Hydro-Québec demeure un des fleurons de la Révolution tranquille et se doit de réussir ce test d'aptitude haut la main! La présence d'un site archéologique dans les paramètres d'un projet d'envergure comme Carillon reste une affaire normale, mais que ce site ait le potentiel de ralliement que le culte de Dollard provoque depuis déjà un demi-siècle, voilà matière à réflexion. On doit se méfier des ramifications, d'autant plus que le dit site risque d'être irrémédiablement détruit d'ici peu par la crue des eaux. Aussi Lévesque se montre-t-il fort attentif et disponible aux activités du Comité du Long-Sault.

UNE DEUXIÈME RENCONTRE

Devant les faibles gains qu'il obtient auprès des décideurs ciblés et sollicités, Hector Roy enclenche la deuxième phase d'une statégie élaborée hâtivement. «Il semble que nous n'aurions aucun autre recours que celui d'alerter l'opinion publique par la voie des journaux[5].» En fait, il se tourne plutôt vers la *Revue d'histoire d'Amérique française* (RHAF). En compagnie de Lee, il se rend au bureau de Groulx, à Outremont, fin octobre. Le chanoine se montre très amical envers ses invités, maintenant que dans son esprit la question du parc Dollard est réglée. Il s'excuse auprès de ses hôtes de ne pouvoir publier le rapport de Lee puisque la revue a comme politique de ne point publier en anglais. Hector Roy lui donne alors toutes les assurances que le document sera traduit dans les plus brefs délais.

De retour à Ottawa, Roy demande à Grégoire Farrell, secrétaire-trésorier à la Fédération des sociétés Saint-Jean-Baptiste de l'Ontario, de bien vouloir s'occuper de cette lourde tâche. Farrell obtient les services bénévoles d'un membre de l'exécutif, Roch Blais, qui parvient dans ses temps libres à colliger une excellente version française du rapport de Lee. Le 9 janvier 1961, Farrell fait parvenir au chanoine Groulx, sous pli recommandé, la dite traduction : « Monsieur Hector Roy m'a prié de vous transmettre la version française du rapport de monsieur Thomas Lee, *Le champ de bataille perdu du Long-Sault*. Vous aviez, je crois, laissé entendre à monsieur Roy qu'il vous plairait peut-être de publier ce document dans sa totalité ou en partie dans votre *Revue d'histoire de l'Amérique française*, pourvu que ce rapport soit traduit convenablement [6].»

L'article soumis à l'attention du rédacteur en chef de la RHAF ne sera jamais publié.

DIVERSION-STRATÉGIE

La décision de ne pas publier le rapport de Lee devient complètement aberrante ou symptomatique d'un grotesque parti pris lorsque, en septembre 1961, un article intitulé *A New Site For Dollard At Carillon* [7], des co-auteurs H. Lambart et G. R. Rigby, fait son apparition dans les pages de la revue dirigée par Groulx. Publié dans sa version anglaise, cet ouvrage a le seul mérite de soutenir l'emplacement traditionnel du Long-Sault, et encore est-il d'une qualité douteuse. Peu importe, le directeur de la RHAF décide *illico* de publier l'ouvrage dans l'édition en cours de montage : « Miss Lambart, I thank you very much for the communication of your Historical Society about the battle of Dollard at the foot of Long-Sault. Anticipating your benevolent consent I shall publish it in the next edition of *La Revue d'histoire de l'Amérique française* in September [8].»

Premièrement, Groulx agit avec une rare précipitation ; l'article est expédié de Grenville le 6 septembre et le chanoine l'accepte le 14 suivant. Deuxièmement, Groulx publie l'article en anglais, ce qui est contraire, de son propre aveu, à la politique de la revue. Troisièmement, il ne procède à aucune vérification d'usage concernant la véracité et la teneur des énoncés. Bel exemple du traitement de *deux poids, deux mesures* que le chanoine adopte sur la question de la Baie des Sauvages.

Quel est ce duo Lambart-Rigby qui survient sans crier gare et qui bouscule le cours des événements ? Tous les deux sont membres de l'*Historical Society of Argenteuil County* et connaissent bien les écrits d'Anne Dewar [9] ; mais ils entretiennent à son égard un soupçon de condescendance. Ils considèrent mal venue une intrusion à leur prérogative de porte-parole de l'histoire locale. Il faut noter, ici, que la Société d'histoire en cause gère le Musée d'Argenteuil voisin du monument à Dollard et que cette institution a, depuis la commémoration de 1919, soutenu la proximité du célèbre combat, malgré d'importantes divergences d'opinions dans ses rangs. Hector Roy en sera témoin lorsqu'il interviewera le conservateur du Musée : « Après m'être entretenu avec M. Lund des endroits possibles où la bataille du Long-Sault aurait eu lieu, celui-ci me confie, mais ne souhaite pas être cité, que l'endroit pratique et logique à l'érection d'un fort n'est sûrement pas Carillon [10].»

Dans une seconde missive adressée au chanoine Groulx, Mme Lambart précise que le mémoire soumis n'est pas une publication officielle de la dite société d'histoire, mais plutôt un projet privé. Lorsque Groulx reçoit cette correction, l'édition de septembre est déjà sous presse. Tout se passe fort précipitamment et pourrait laisser croire à une tentative de Lambart-Rigby de profiter d'une célébrité rapidement acquise puisque, en cette fin de l'année 1961, l'affaire Dollard suscite encore beaucoup d'intérêt.

Pourtant l'ouvrage est déficient à plusieurs égards. Toute la prémisse de l'argument repose sur des cartes maritimes trouvées aux Archives nationales, rassemblées « de toute urgence [11] » au cours de l'été. Le texte est d'abord publié le 6 septembre dans la *Gazette* de Montréal [12] et laisse peu de temps pour une vérification critique de la prémisse de base ; cela sera fait de façon décisive mais plus tard [13]. Le mémoire sera alors discrédité et écarté par diverses sources.

Malgré la faiblesse évidente de l'ouvrage publié, le chanoine marque cependant un grand coup de stratégie. Il contribue à désamorcer l'élan d'optimisme et de sympathie que le Comité du Long-Sault avait réussi à obtenir après de maints efforts. À l'automne de 1961, le Comité du Long-Sault a le vent dans les voiles. Il a réussi à faire embaucher Lee par les instances québécoises et les fouilles sont reprises depuis déjà un mois. La presse en parle de façon fort professionnelle et laisse poindre à l'horizon un débat lucide sur la découverte de Lee. Or, par la publication de l'article cosigné par Lambart et Rigby, Groulx impose une diversion suffisante pour entretenir le doute et ainsi freiner la sympathie du public envers les travaux de Lee. Le chanoine n'ignore pas que, dans quelques mois, les portes du barrage de Carillon seront fermées et que le site de la Baie des Sauvages se retrouvera alors inondé sous treize mètres d'eau. Tout cet épisode du fort de

Dollard en Ontario ne sera qu'un mauvais rêve, indigne de prendre place dans les mémoires qu'il rédige assidûment, dans son bureau du 261 Bloomfield, à Outremont [14].

Le Comité du Long-Sault devra consacrer de précieux efforts en vue de discréditer l'article de Lambart-Rigby qui trouve de nombreux échos. Que de temps perdu !

RENCONTRES FORTUITES

Le 11 juillet 1961, Hector Roy et Thomas Lee se rendent dans la capitale québécoise afin de s'enquérir sur place des modalités entourant la sélection de deux archéologues devant être affectés à la Commission des monuments et sites historiques du Québec (CMSHQ). L'intention est d'obtenir un emploi pour Lee. Les deux hommes apprennent à leur surprise que Michel Gaumond et Albert Gérin-Lajoie ont déjà été embauchés, même si leurs antécédents dans la profession leur sont inconnus. Suit dès lors une chaîne d'événements circonstanciels qui permettront un déblocage. Lee se trouve au Musée provincial sis à l'est des Plaines d'Abraham, où il attend son ami Roy qui vaque à certaines occupations. Profitant de ce temps de loisir, il cause de ses travaux sur Dollard avec un employé qui se montre fort intéressé et qui le convie avec empressement à rencontrer le directeur du Musée, Antoine Pelletier. Aussitôt dit, aussitôt fait. Ce dernier connaît le travail de Lee et insiste pour qu'il rencontre le père Adrien Pouliot et Sylvio Dumas, deux des spécialistes qui étaient présents à la réunion du 6 octobre, chez le chanoine Groulx. Lee ne connaît ni l'un ni l'autre et préfère obtenir l'assentiment de son compagnon de route avant d'acquiescer à une telle proposition.

À son retour, Hector Roy n'y voit pas d'objection. Pelletier communique aussitôt avec le père Pouliot qui se montre fort heureux de pouvoir rencontrer le découvreur de cet intrigant fortin du Long-Sault. Un rendez-vous est fixé pour 20 h, à la résidence de Dumas. Lee résume ainsi la rencontre :

> Nous sommes arrivés à l'heure convenue et nous avons alors commencé un vigoureux débat fort civilisé. Et nous avons discuté ainsi, jusqu'aux petites heures du matin. À un certain moment, Dumas m'est apparu fort ébranlé et tremblait comme une feuille ; c'est alors que le père Pouliot s'interpose et me donne raison sur la teneur de mon argumentation à propos du journal du Chevalier de Troyes, contemporain de Dollard des Ormeaux.
>
> Dumas soutenait que ce fameux journal avait été rédigé le jour même des événements s'y rapportant. Moi, pas ! [NDLR : Cette précision changeait grandement la portée de l'argumentation des défendeurs du site de Carillon.] Nous nous sommes alors quittés, fatigués, mais heureux d'avoir pu éclaircir plusieurs malentendus avec nos interlocuteurs.
>
> À peine rentré à notre motel, le téléphone sonne. C'est le père Pouliot qui invite Hector à me conduire le jour même à Montréal, afin de rencontrer Marcel Couture d'Hydro-Québec. Sur place, nous rencontrons Couture, un homme fort plaisant et affable. Il n'y a aucun problème ; je serai embauché d'ici peu afin de compléter les fouilles du site. Cet homme Pouliot avait fait toute la différence [15] !

Homme fort influent dans les sphères de l'interprétation et de l'enseignement de l'histoire au Québec, Adrien Pouliot se rallie alors aux efforts du Comité du Long-Sault. Comme tous les historiens qui auront la *grâce* de partager la totalité des travaux de Lee, il ne peut que se rendre à l'évidence, et cela est tout à son honneur. Mais une ombre demeure au tableau, comme le dit si bien Gérard Malchelosse interrogé sur les lendemains de la réunion du 6 octobre 1960 : «Ensuite se sont retirés le père Adrien Pouliot, Sylvio Dumas, moi-même, et je suis

Groulx célèbre la messe au Long-Sault lors de la fête de Dollard, le 24 mai 1946, devant le drapeau de Carillon.

Les fouilles archéologiques de Thomas Lee à la Baie des Sauvages. Chaque piquet représente un pieu du fortin.

à peu près certain que d'autres qui étaient là sont prêts à appuyer nos nouvelles idées, mais craignent de le faire par un sentiment d'admiration pour le chanoine [16]. »

Cette déclaration permet de mesurer la très grande influence que Lionel Groulx exerce sur son entourage. En ce début des années soixante, il se forme ainsi deux clans : Malchelosse désigne les *Nordistes* pour identifier ceux qui sont favorables à Groulx et à l'hypothèse Carillon, versus les *Sudistes* qui adhèrent aux préceptes de Lee et favorisent l'hypothèse Baie des Sauvages. Malheureusement, les deux parties ne se soumettront jamais à des délibérations conformes à une recherche concertée de la vérité, en dépit des appels répétés au dialogue qui viendront du futur Comité Dollard-des-Ormeaux.

UN COMITÉ À MONTRÉAL

L'automne au Long-Sault est d'une splendeur à faire rêver. Cette région peu peuplée de l'Outaouais conserve une bonne part de son apparat naturel, exception faite d'une vaste tranche des berges que les bûcherons recrutés par l'Hydro ont dénudée en prévision des inondations imminentes. Les arbres en périphérie offrent leurs plus beaux atours et la faune y trouve nourriture et refuge (en temps normal !). Mais l'automne demeure la saison de la chasse au canard, période plutôt difficile pour cette sauvagine. François Lessard est un fidèle adepte de la chasse et ses territoires de prédilection se trouvent entre autres à la Baie des Sauvages. Il y fait le guet, bien assis dans son embarcation qui se confond aux longs roseaux des berges. Sur le promontoire, à l'ouest de la baie, il décèle des abris de fortune et il s'interroge sur la nature des tâches accomplies par quelques adultes entourés d'adolescents dans leur uniforme de scout. Embusqué depuis le lever du soleil, sans trop de succès faut-il préciser, il décide d'interrompre momentanément sa chasse au gibier volant et part s'enquérir du pourquoi de ce chantier pour le moins inhabituel. Il y rencontre Tom Lee qui, avec quelques bénévoles et la participation des scouts de Hawkesbury, poursuit méthodiquement ses fouilles.

François Lessard, originaire de Pointe-Fortune, converse ainsi pour la première fois avec l'archéologue Lee. Comme il est un habile organisateur et un homme qui a ses entrées à Montréal et Québec, la rencontre fortuite a pour effet d'apporter d'importantes munitions à l'effort de diffusion des travaux de Lee. Lessard est d'abord un fervent amateur d'histoire et un nationaliste engagé qui trouve réconfort dans son adhésion à la confrérie des *Fils de la Liberté* [17]. Il est aussi entrepreneur-fondateur des Placements collectifs inc., première institution financière francophone du genre. Lessard, qui étudiera avec soin les textes des contemporains de Dollard — surtout ceux de Radisson — à la lumière de ses connaissances approfondies de la rivière des Outaouais, rédige fort habilement une reconstitution stratégique du combat militaire de 1660, ce qui donne d'importantes munitions aux tenants de la Baie des Sauvages [18].

Après avoir suivi au jour le jour, ou presque, la marche des travaux de l'archéologue, Lessard décide de s'engager directement dans la cause de Lee. À l'automne 1961, il demande à la Société Saint-Jean-Baptiste de l'Ontario la permission de créer un comité de soutien basé à Montréal. Le feu vert lui est accordé et il crée le Comité Dollard-des-Ormeaux qui obtiendra, dans un bref délai, l'adhésion de nombreux représentants de tous les milieux, dont Paul Massé et Paul Robert, respectivement du conseil exécutif et du conseil municipal de Montréal, le comédien Jean Duceppe, J. Fortin, de la Chambre de commerce de Québec, et divers présidents des sociétés Saint-Jean-Baptiste locales. La venue tardive d'un organisateur de la trempe de François Lessard apportera une nouvelle vigueur aux démarches du Comité du Long-Sault. On a peine à imaginer tous les gains qui auraient été récoltés s'il était apparu sur la scène quelques mois plus tôt !

NOTES

1. Lévesque avait obtenu de Jean Lesage la responsabilité des Ressources hydrauliques. Le ministère des Richesses naturelles verra le jour au printemps 1961.

2. « I am not aware of any qualified archaeologists in that province [Québec] except Mr. Lowther of McGill, who is now abroad. », L. S. Russell, directeur par intérim au Musée national, correspondance avec Ernest A. Côté, 8 novembre 1960.

3. Nom donné par les médias aux candidats libéraux lors de la campagne électorale québécoise de 1960.

4. T. E. Lee, *Mémoires*, ruban D5, côté 2 : section B, Robert E. Lee, Ottawa. (traduction libre).

5. Hector Roy, *op. cit.*

6. «Comité du Long-Sault», Fonds Société Saint-Jean-Baptiste de l'Ontario, Centre de recherche en civilisation canadienne-française, Université d'Ottawa.

7. Hyacinthe Lambart et Dr G. R. Rigby, *Revue d'histoire de l'Amérique française*, septembre 1961, pages 277-282.

8. Dossier Dollard des Ormeaux, CRLG.

9. Anne Dewar, *op. cit.*, 1952.

10. Hector Roy, *op. cit.*

11. Lettre de H. Lambart aux Archives nationales, 21 juillet 1961, Fonds Lambart, Musée d'Argenteuil.

12. Al Palmer, «Dollard's Battle Site Held Found», *The Gazette*, Montréal, 5 octobre 1961.

13. J. Rick, Rapport commandé par le Musée national, 1963, Fonds Lambart, Musée d'Argenteuil. T. E. Lee, « Une comédie d'erreurs », *Le Carillon*, mai 1962, Hawkesbury. Antonin Lalonde, lettre au *Devoir* en réponse à Séraphin Ouimet, *Le Devoir*, Montréal, circa 24 mai 1962.

14. Malgré de longs passages sur les nombreux pèlerinages à Carillon et ailleurs, les volumineux mémoires du chanoine sont étonnamment silencieux sur le débat de la Baie des Sauvages, et cela, malgré son rôle personnel et déterminant dans cette longue affaire.

15. T. E. Lee, *Mémoires, op. cit.* (traduction libre).

16. G. Malchelosse, *op. cit.*

17. Confrérie secrète qui naît du temps de la Rébellion de 1837.

18. François Lessard, *op. cit.*

Chapitre 8

LE SPRINT

LEE AU TRAVAIL

L'embauche tardive de Lee, favorisée par l'intervention du père Pouliot, fait partie d'un programme conjoint d'Hydro-Québec, de l'Office du tourisme et de la Commission des monuments et sites historiques du Québec. Il prévoit la construction du parc Dollard-des-Ormeaux, le déménagement de divers bâtiments historiques répertoriés ainsi que l'exécution de fouilles par le tout nouveau Service archéologique de la Commission. L'équipe d'Albert Gérin-Lajoie, neveu du ministre Paul Gérin-Lajoie, s'évertue à Carillon à multiplier ls fouilles complètement vaines, notamment celles du site désigné à la hâte par le duo Lambart-Rigby[1].

De son côté, Lee besogne de la mi-août jusqu'au début décembre, à la Baie des Sauvages, aidé en cela par des bénévoles provenant surtout de la région de Hawkesbury. Bénéficiant d'une aide logistique fort appréciée d'Hydro-Québec, l'archéologue réussit dans ce laps de temps à dégager la totalité des restes de palissades de l'enceinte. Il se résigne à quitter les lieux dans l'espérance d'obtenir la construction d'un mur de soutènement afin de préserver ce magnifique et unique site. Il croit que des travaux supplémentaires pourraient mettre au jour la redoute utilisée par les Iroquois lors du siège qu'il soupçonne à peu de distance du fortin actuel, et pourquoi pas des sépultures !

Le journaliste Guy Ferland suit l'affaire Dollard pour le journal *La Presse* et écrit que «le rapport préliminaire de M. Lee, adressé le 21 décembre au président de la Commission (CMSHQ), M. Paul Gouin, établit hors de tout doute, après recoupement des documents historiques et des découvertes archéologiques, que Dollard et ses compagnons se sont battus dans un fort construit à la hâte, tout près de la Baie des Sauvages à deux milles en amont de Chute-à-Blondeau, sur la rive ontarienne de l'Outaouais[2]». Gouin ne sait trop que faire de ce rapport qu'il aurait de beaucoup préféré obtenir de ses propres services archéologiques ; mais l'intervention de Pouliot et l'embauche de Lee par les dirigeants de l'Hydro lui lient les mains. Ce dossier est vraiment fort complexe et politiquement trop «chaud» pour lui. Il transmet le tout à ses supérieurs, Guy Frégault, sous-ministre, et Georges-Émile Lapalme, ministre des Affaires culturelles[3].

Pour compliquer les choses, la province voisine de l'Ontario attend les résultats de la Commission du Québec avant de prendre une décision.

LE MINISTRE LOUIS-P. CÉCILE

Au début de 1961, Hector Roy et son comité réus-sissent à intéresser la presse régionale[4] à leur démarche. En bons promoteurs, ils organisent au site de la Baie des Sauvages des événements médiatiques, qu'ils appellent des « constatations d'évidence », où des groupes d'invités se mêlent aux journalistes pour écouter et voir Tom Lee leur décrire l'essentiel de ses travaux. Pour créer l'un de ces événements médiatiques, on procède à la mise à découvert de deux pieux de cette enceinte qui demeurait qu'en partie dégagée et répertoriée. Un journaliste de Hull décrit la scène à ses lecteurs en ces termes : « on voit une tache brunâtre et circulaire d'environ quatre pouces de diamètre ; c'est l'indice qui nous reste aujourd'hui de la présence d'un des pieux qui faisaient partie de la palissade de Dollard en mai 1660[5].»

Le 4 avril, une démonstration d'évidence est organisée tout spécialement pour le bénéfice du député provincial du comté de Prescott, Louis-Pierre Cécile. Lee croit fermement que Cécile peut être d'un précieux secours à sa démarche. De 1948 à 1955, Cécile a été ministre du Tourisme et de la Publicité, donc au fait du processus de désignation des sites historiques. Maintenant titulaire du portefeuille de la Santé et du Bien-être, il exerce une influence remarquée à Queen's Park. Dans l'esprit de Lee, l'Ontario pourrait faire preuve d'autorité et reconnaître unilatéralement le site de la Baie des Sauvages, assurant ainsi sa protection et sa mise en valeur. Pour le moment, le ministre Cécile est fort ému et quelque peu bouleversé par ce qu'il voit et entend. Toronto est loin des réalités de son comté et il est stupéfait qu'une découverte de cette envergure, chez lui par surcroît, soit demeurée ignorée par les instances gouvernementales. Louis Cécile décide donc d'initier sa propre enquête. En premier lieu, il s'assure de la collaboration de René Lévesque. Ensuite il procède d'une manière fort inusitée afin d'obtenir des renseignements d'Ottawa. Au lieu d'utiliser les voies de communication que son poste de ministre lui confère, il confie en toute confidentialité à un bureau d'avocats de Toronto le soin d'organiser, pour lui et Tom Lee, une rencontre avec le ministre fédéral des Travaux publics, afin de discuter de « ces affaires urgentes [car] j'ai des raisons de croire que le site véritable de la bataille ne soit pas au Québec mais plutôt en Ontario dans le comté de Prescott[6] ».

Louis Cécile procède de façon détournée sans doute parce que Tom Lee l'a mis en garde contre les actions douteuses du Musée national dans ce dossier. En dépit des précautions prises par le ministre ontarien, sa requête suit le cours normal et est acheminée au bureau du directeur par intérim du Musée national, le Dr Loris S. Russell. Celui-ci cumule encore deux postes puisque aucun remplaçant n'a été nommé pour combler le départ du Dr Rousseau. Russell se plonge alors dans les rapports scientifiques mis à sa disposition et prépare, conformément à ses responsabilités, un projet de réponse pour la signature du ministre responsable. Il y reconnaît d'emblée la rigueur des travaux scientifiques accomplis à ce jour, ainsi que le bien-fondé des conclusions de Lee. Il devient donc, après Alcock et Rousseau, le troisième directeur du Musée à reconnaître explicitement le site de la Baie des Sauvages.

C'est alors qu'intervient de nouveau le sous-ministre Ernest Côté. Comme la correspondance du ministre passe par son bureau, il décide de censurer le projet de réponse préparé par Russell : « Votre lettre me laisse croire que les travaux de Lee sont une claire indication que le site du combat de Dollard est bel et bien sur la ferme Ross... Pouvez-vous revoir vos conclusions et peut-être pourrons-nous en discuter à votre convenance [7].» On peut imaginer quelle aurait été la réponse d'un Jacques Rousseau, si celui-ci veillait encore au grain ! Mais Russell est plus conciliant que son prédécesseur. Il rédige un nouveau projet de lettre et l'accompagne d'un mémorandum précisant que « nous avons fait des changements dans la lettre à M. Cécile, qui tiennent compte de vos suggestions en vue de donner une réponse *moins positive* sur la question du site de la ferme Ross [8] ».

Non satisfait, Côté anote abondamment la nouvelle version de Russell, afin d'en minimiser davantage la portée, et obtient une troisième révision ! Toutes les conclusions, même celles incontestées dans les milieux avertis, sont systématiquement amoindries par des insinuations fallacieuses. Il pousse l'indécence jusqu'à inclure des références historiques complètement désavouées par les historiens, dans le seul but de confondre le lecteur : «À partir de documents historiques, d'autres (*sic*) semblent nous indiquer que le combat de Dollard aurait eu lieu à la partie ouest du lac des Deux-Montagnes[9].» La version finale est si censurée qu'elle en est déconcertante ; même un profane, à qui l'on propose la version originale à seule fin de comparaison, ne pourra que conclure à une ignoble machination.

Une copie conforme de ce rapport — de cette perversion du travail légitime des employés scientifiques du gouvernement fédéral — sera également remise à J.-C. Lessard, d'Hydro-Québec, et au président de la Commission des monuments et sites historiques de l'Ontario, W. H. Cranston, «pour leur considération». Il va sans dire que cette tactique déloyale aura un effet dévastateur sur les aspirations des *Sudistes*.

TORONTO NE RÉPOND PLUS

La réaction du ministre Cécile est prévisible. Il croit avoir été berné par Lee et ses propagandistes. Comment a-t-il pu être l'instrument momentané de ces illuminés ? Il ne peut pas soupçonner que le gouvernement fédéral ait pu être un instrument de désinformation aussi complète. Peut-être les mœurs politiques à Toronto sont-elles plus transparentes... Quoi qu'il en soit, à partir de ce moment-là, Cécile fera preuve de désœuvrement en tout ce qui a trait à l'affaire Dollard. Alarmé par un tel repli, le Comité du Long-Sault obtient d'un fervent partisan, le député Maurice Bélanger de Windsor, qu'il intervienne à l'assemblée législative. Le 7 décembre 1961, Bélanger réitère la demande de la Société Saint-Jean-Baptiste de l'Ontario (SSJBO) auprès du premier ministre Leslie Frost et lui demande d'appuyer la construction d'un mur de soutènement afin de préserver le site de la Baie des Sauvages.

Les conservateurs sont bien préparés pour répliquer. Cathcart, ministre responsable des sites historiques, indique que la Commission étudie présentement la question et qu'il n'a rien à ajouter à ce moment-ci. C'est Louis Cécile qui clôture le débat en posant une série de questions tendancieuses : « Les historiens ne s'entendent pas sur le cours des événements à cet endroit. Est-ce un poste de traite ? Est-ce un endroit où une certaine bataille aurait eu lieu sous les ordres d'un certain général ou entre les héros du Long-Sault et les Iroquois ? Ou est-ce quelque chose de complètement différent [10] ? » Inutile de dire que Lee est renversé par l'attitude de Cécile qui met «fin à tous nos espoirs d'obtenir l'appui du gouvernement de l'Ontario [11] ». Il est amer, voire choqué, mais ne se doute pas que son ancien patron, Ernest Côté, y est pour quelque chose.

La réponse officielle du gouvernement ontarien, telle que reçue par la SSJBO, confirme la volonté du premier de se décharger de toute responsabilité. On peut même y noter une teinte d'ironie : « En passant, vous pourriez discuter de ce sujet avec la Section des sites historiques du ministère des Ressources et des Affaires du Nord à Ottawa si vous ne l'avez pas encore fait [12] ». La seule autorité ontarienne encore capable de faire une différence, la CMSHO, baisse elle aussi pavillon : « Il est de notre opinion que les seuls organismes habilités à rendre un jugement sur l'authenticité du site sont le Musée national du Canada et la Commission des monuments et sites historiques du Québec. [13] » Enfin, le ministre Louis Cécile s'en lave publiquement les mains lorsqu'il confie à *La Presse* (5 janvier 1962) qu'« il faudrait que l'authenticité du site en question soit officiellement reconnue par cette Commission (CMSHQ) ou par le gouvernement du Québec, avant que le gouvernement ontarien puisse songer à intervenir financièrement pour aider à préserver ce site de l'inondation ».

Il est surprenant de constater comment l'Ontario laisse à la discrétion des autres la mise en valeur d'une parcelle de son territoire. La balle est donc dans le camp de la Belle Province. Que se passe-t-il à Québec ?

NOTES

1. «Trouvera-t-on des vestiges de la bataille du Long-Sault ?», *L'Argenteuil*, 1er novembre 1961.

2. Guy Ferland, « L'endroit où Dollard et ses compagnons livrèrent combat doit être submergé en mars », *La Presse*, 5 janvier 1962.

3. Ancien chef du Parti libéral, il détenait aussi le poste de Procureur général.

4. Voir *La Tribune de Hull*, *Le Droit* d'Ottawa, *Le Carillon* de Hawkesbury, le *Watchman* de Lachute et le *Journal d'Argenteuil*.

5. « Au sujet du véritable site du Long-Sault », *La Tribune de Hull*, 30 mars 1961.

6. Lettre de L.-P. Cécile à Harry Willis (avocat), Toronto, le 3 mai 1961, Archives nationales (traduction libre).

7. Mémo. de E. Côté à Russell, 10 juin 1961, Archives nationales (traduction libre).

8. Mémo de Russell à E. Côté, 20 juin 1961, Archives nationales (traduction libre).

9. *Ibid.*, document annoté par E. Côté.

10. Débats de l'assemblée législative de l'Ontario, 7 décembre 1961, pages 242-244.

11. T. E. Lee, *Mémoires, op. cit.*

12. Lettre de Cathcart à Farrell, 20 novembre 1961, Fonds SSJBO, CRCCF.

13. *Minutes of the Archaeological and Historic Sites Board*, 31 janvier 1962, Fondation du patrimoine ontarien, Toronto (traduction libre).

Chapitre 9

LE DÉNOUEMENT

Lors de la Révolution tranquille, le peuple qué-
bécois a appris à s'affirmer à l'encontre de son
histoire ; c'est pourquoi il ne reste généralement,
dans la conscience populaire, que des images
malheureuses de ce passé.

Daniel Jacques [1]

LA TROISIÈME PÉRIODE

Grâce à une efficace campagne de sensibilisation,
François Lessard réussit à mettre en lumière les travaux de
Lee. Dans *Cité libre*, Paul Michaud passe par les émotions
propres au choc culturel des initiés : « D'abord il y a le
phénomène assez incompréhensible des recherches que
l'on effectue ces jours-ci le long de l'Outaouais pour découvrir le site de la bataille du Long-Sault. Je ne sais si
je dois me révolter ou me réjouir devant ces recherches [2].» La
presse écrite et la télévision (émission *Plein Feu*) véhi-
culent, elles aussi, le cri d'alarme du Comité Dollard.

Côté politique, Réné Lévesque s'entretient longuement avec Lessard, mais demeure prudent : «Je ne recomman-
derai pas à mes collègues de prendre un million de l'argent
des contribuables sans être d'abord sûr qu'il s'agit du bon
endroit. Et moi, dans mon ministère, je n'ai pas d'historien
ni d'archéologue à mon service [3].» Mais les interlocuteurs
s'entendent sur un point : le ministère des Affaires culturelles

doit sans délai adopter une attitude claire et nette au sujet de l'authenticité du site. Comme Lessard croit fermement que Lévesque donnera suite à son engagement, il communique aussitôt avec son ami Guy Frégault, afin d'obtenir la mise en place d'un processus acceptable devant conduire à l'authentification du site. Il invite le sous-ministre à convoquer une réunion d'urgence à laquelle assisteraient toutes les parties concernées, notamment les ministres Georges-Émile Lapalme, Paul-Gérin Lajoie et René Lévesque, le sous-secrétaire et historien Raymond Douville, les fonctionnaires René Therrien et Marcel Couture, les historiens Groulx, Pouliot, Malchelosse et Dumas, les archéologues Lee et Gérin-Lajoie, ainsi que des membres du Comité national Dollard-des-Ormeaux. Dans l'esprit de Lessard, une telle réunion donnerait enfin un ton juste à cette affaire : « Et vidons "drêt-là" la question de l'emplacement du fort, d'une manière officielle, une fois pour toutes [4].»

Frégault et Lapalme sont d'accord sur un des points soulevés par François Lessard, soit le degré d'urgence que suscite cette affaire dans l'opinion publique. Tous les yeux sont tournés vers eux. Plus le temps passe, plus il sera difficile d'en contrôler les enjeux et d'en prédire correctement les conséquences. En politique, on ne peut évidemment tolérer une telle situation. On étudie donc attentivement les options. Si le ministère reconnaît l'authenticité du site, il devra composer avec plusieurs facteurs imprévisibles. D'une part on mettra dans l'embarras Ottawa, qui s'obstine depuis dix ans à ignorer et occulter les résultats de ses propres services ; d'autre part, on se placera dans une position de faiblesse pour négocier avec l'Ontario, qui fera valoir la responsabilité financière d'Hydro-Québec, tout en revendiquant sa pleine compétence dans l'aménagement d'un site historique de portée nationale sur son territoire. De plus, au Québec, le nationalisme et la thèse séparatiste sont sur toutes les lèvres ; plusieurs renouvellent même le vœu de remplacer le culte à Dollard par celui de Jean-Olivier Chénier, chef incontesté des Patriotes de 1837, lesquels sont désormais qualifiés comme « nos héros réels [5] ». D'autres profitent de la tribune qui leur est offerte pour revendiquer des projets de restauration historique qui pourraient avoir préséance sur celui du fortin de Dollard ; on cite, à cet effet, les recherches pour localiser la tombe de Champlain [6] ou encore l'accès public à la maison de Louis-Joseph Papineau, propriété privée du Club Seigneurie de Montebello.

Ces arguments laissent déjà poindre à l'horizon une opposition concertée... On estime qu'il en coûterait entre cinq cent mille et un million de dollars pour sauvegarder le site menacé par les eaux montantes. Or, la tension est grande au conseil des ministres où chacun se dispute l'attribution de nouvelles sommes allouées à divers projets d'étatisation. Pendant que l'astronaute américain John Glenn se prépare à un voyage dans l'espace, on veut faire du Québec un État moderne. C'est la Révolution tranquille ! Pour Guy Frégault et Georges-Émile Lapalme, Lionel Groulx est incontestablement le père spirituel de cette grande révolution ; le chanoine demeure certainement un personnage incontournable dans l'affaire Dollard, celui qui détient la solution. Aussi lui confient-ils la pleine et entière responsabilité en ce qui a trait à l'authentification du site de la Baie des Sauvages.

L'inaction est souvent la solution aux problèmes d'un politicien. Elle apparaît, ici, comme la solution rêvée. L'histoire ne dit pas si le ministère était déjà assuré du verdict à venir, mais il est aisé d'affirmer qu'il n'aurait pu concevoir un meilleur scénario, dans ce Québec de 1962, pour obtenir de façon aussi déconcertante le renouvellement du *statu quo* dans l'affaire

Dollard. La stratégie est solide. On se débarrasse du coup des critiques à venir en imposant l'autorité et la notoriété du chanoine, qui saura mettre une note finale à cette affaire. Comme l'a si bien écrit Frégault, « s'il n'acquiert de pouvoir ni dans l'Église, ni dans l'Université, ni, bien entendu, dans l'État, Lionel Groulx détient mieux que le pouvoir, il possède l'autorité[7]». De toute façon, Groulx ne demande pas mieux que de balayer toute cette affaire déplaisante sous le tapis. « D'ailleurs, il n'aimait pas tellement qu'on le taquine sur l'affaire Dollard : dès qu'on abordait la question, il changeait le sujet de la conversation[8].»

LE COUP DE TORCHON

Le 10 janvier 1961, soit quatre jours après le dépôt par Gouin du rapport Lee, le ministre Lapalme annonce la formation d'un comité de trois historiens choisis et dirigés par Lionel Groulx, qui s'entoure de Marcel Trudel (Université Laval) et de Maurice Séguin (Université de Montréal). Bien que les qualités intellectuelles de Trudel et Séguin soient indéniables, il n'en demeure pas moins que ces deux historiens n'ont jamais été sensibilisés aux travaux de Lee, qu'ils ne jouissent pas d'une formation en archéologie et qu'ils sont tous deux « par hasard » directeurs de l'Institut d'histoire de l'Amérique française[9]. À noter aussi que Maurice Séguin n'a jamais enseigné l'histoire de la Nouvelle-France — il a surtout concentré ses efforts sur des études économiques après la Conquête —, et qu'il est depuis 1959 le nouveau titulaire de la chaire Lionel-Groulx... Trudel et Séguin sont tous deux[10] des proches, des disciples de Lionel Groulx ; ils lui vouent une admiration qui amenuise leur sens critique dans une affaire qu'ils savent constituer une irritation pour le Maître. À n'en point douter, cela suscite chez eux le désir d'user de leur prérogative afin de classer la chose dans le sens que Groulx l'indique.

L'annonce de la formation du Comité Groulx suscite beaucoup d'intérêt car elle apporte un élément de finalité à ce dossier qui, somme toute, traîne en longueur. À Ottawa, on est aux aguets ; le sous-ministre Côté ordonne une révision complète du dossier car il s'attend à des répercussions à la Chambre. Ses fonctionnaires lui font observer que sans les notes complètes des derniers travaux de Lee, ils ne peuvent défendre avec assurance la politique du ministère, c'est-à-dire le désaveu des travaux de Lee. Côté songe alors à obtenir des renseignements de Frégault, mais se ravise : « Après réflexion, je réalise que toute la question est fort épineuse (...) il serait trop tentant pour un ministre du Québec de renvoyer toute la responsabilité de cette affaire dans le camp du gouvernement fédéral et ainsi se libérer de toute cette affaire [11]. » De son côté, Lee apprend la nouvelle de la nomination de Groulx à la barre du Comité avec défaitisme : « Aussitôt que nous avons appris la nouvelle, nous savions les résultats à venir ; le site devait rester au Québec [12]. »

Le 10 janvier, le second Comité Groulx obtient le rapport préliminaire de Lee et se réunit le 12 suivant à 14 h 30, à la résidence du chanoine à Outremont. On ne procède pas à la moindre vérification auprès de Lee ou de Lessard. Quelques jours plus tôt, Trudel a laissé échapper à un journaliste : «je ne sais pas s'il est possible de distinguer entre un fortin indien et un de conception européenne [13]», avouant ainsi son manque flagrant de connaissances suceptibles de lui permettre d'évaluer le rapport de Lee. De toute façon, aucun des membres du Comité ne peut évaluer correctement les révélations archéologiques du rapport de Lee qui, dans les milieux spécialisés, sont considérées comme irréfutables. Lee a su démontrer, hors de tout doute raisonnable, que les pieux ont été sectionnés avec une hache de métal ; il a confirmé l'absence complète de référence à un fort indien. D'ailleurs, la reconstitution historique à partir des vestiges répertoriés est fort concluante pour toute personne sensibilisée aux techniques archéologiques.

Tel que mentionné plus tôt, la composition du comité d'évaluation pèche par son absence de compétence en archéologie ; pourtant, personne ne semble y voir offense, personne ne cherche à y remédier. Le jour même de sa réunion, le comité soumet un court rapport à Lapalme :

> Ce comité a conclu :
>
> 1) que les textes des chroniqueurs contemporains de Dollard ne permettent pas de fixer d'une façon décisive l'emplacement précis du combat du Long-Sault, en mai 1660 ;
>
> 2) que les résultats des fouilles entreprises jusqu'à date (*sic*) sur la ferme Ross-Lavigne ne permettent pas non plus de conclusion décisive.
>
> *Pour le Comité : Marcel Trudel, secrétaire du Comité* [14].

Hâtivement préparé et dépourvu de toute justification, ce document comporte néanmoins un important revirement par rapport à l'histoire officielle. Le premier Comité Groulx (octobre 1960) avait émis un rapport où on lisait qu'« on s'arrêta à cette unanime conclusion : le combat de Dollard et de ses compagnons eut lieu " au pied du Long-Sault ", soit à Carillon d'aujourd'hui. Les textes interdisent toute autre opinion [15]». Rien n'était plus sûr. La certitude de 1919 devient maintenant une hypothèse. On peut ici deviner un compromis précoce entre Groulx et Trudel, qui fait preuve de prudence face aux attitudes suspectes du président du comité : « [Groulx] se montre fort nerveux devant la thèse de la rive ontarienne : le lieu Carillon devenait pour lui et ses amis nationalistes comme un avant-poste contre les Anglais d'Ontario[16].» Ce compromis, Groulx l'accepte en partie afin de livrer, promptement et sans autres cérémonies, une solution au ministre Lapalme. Plus tard, il tentera bien d'atténuer les conséquences de cette anomalie, y allant même d'un démenti suspect au cours d'une entrevue exclusive accordée à Jean-Marc Léger, du quotidien *Le Devoir* : « rien là n'est convaincant, rien n'autorise à abandonner la thèse jusqu'ici admise sur le lieu du combat[17]». Ce sera la dernière sortie du chanoine sur le sujet. «Quoi qu'on dise ou qu'on écrive, je n'y reviendrai plus[18].» Il tiendra parole.

Ce revirement majeur et ces contradictons apparentes auraient pu être, pour les *Sudistes*, la pierre angulaire d'une campagne visant à discréditer la participation du chanoine dans toute cette affaire, mais peu de gens se sentent suffisamment robustes pour l'affronter. Un historien de l'Université d'Ottawa, Lucien Brault, tentera cependant d'expliquer que les égarements du chanoine sont dus à un refus d'admettre que des fouilles archéologiques et des précisions hydrologiques puissent être des compléments valables aux écrits des contemporains. Brault fera d'ailleurs l'apologie du lien essentiel entre les écrits historiques et les sciences auxiliaires et attribuera la résistance de plusieurs à se départir de la désignation de Carillon, à un phénomène de retour aux sources, très fréquent en histoire. Il participera à plusieurs assemblées publiques dans l'Est ontarien afin d'exposer ses conclusions favorables à Lee, lesquelles sont soutenues dans son *Histoire des comtés unis de Prescott et Russell*[19].

LA RÉPLIQUE

De son côté, le Comité Dollard-des-Ormeaux ne s'attarde pas aux lacunes du Comité Groulx, mais choisit plutôt de forcer la main au ministre Lapalme en lui rappelant, dès le 17 janvier 1962, que son absence du débat demeure inacceptable. Il forme alors un Conseil technique[20] dans l'espoir que Lapalme accepte de convoquer à nouveau le Comité Groulx pour débattre convenablement la question. Dans un premier temps, Lapalme refuse d'user de son autorité pour convoquer une telle réunion. Face à une seconde demande de Lessard, il charge Frégault de transmettre cette proposition au chanoine et à ses collaborateurs, ce qu'il fait le 20 février 1962 :

> Vous-mêmes et vos deux collègues, seriez-vous prêts à accepter la proposition de monsieur Lessard ? Nous attendrons votre réponse avant de communiquer de nouveau avec ce dernier. Vous ne sauriez croire avec quel intérêt j'ai lu les déclarations que vous avez faites à Jean-Marc Léger dans *Le Devoir* au sujet de la thèse de monsieur Lee.
>
> Avec mon meilleur souvenir, je vous prie d'agréer, monsieur le Chanoine et Cher maître, l'expression de ma considération distinguée[21].

Par son appui explicite aux déclarations de Groulx, Frégault laisse peu d'ambiguïté sur la marche à suivre et démontre un manque flagrant d'objectivité. Le ministère se rallie d'avance à la décision exprimée par Groulx de refuser toutes discussions futures sur le sujet, et confirme qu'il fera de même. Frégault obtient d'ailleurs sa réponse dès le lendemain ! Le 21 février, le chanoine écrit : « Je n'ai rien de nouveau à dire aux Messieurs de ce Comité ; et j'estime qu'ils n'ont rien à me dire de neuf (...) je n'ai guère le temps ni le goût de discuter plus longuement avec des gens qui n'admettront jamais rien d'autre que leur seule opinion[22]. » Le ton de cette réponse s'explique difficilement puisqu'il n'y eut jamais de discussions véritables entre les deux parties.

Deux jours plus tard, Maurice Séguin déclinera aussi l'invitation. Seul Marcel Trudel acceptera de rencontrer historiens et archéologues, mais en dehors du contexte d'un comité quelconque, afin de ne pas faire les frais de la controverse. Le ministre Lapalme de renchérir : «Bien entendu, monsieur Trudel ne représentera pas le comité d'étude dont il fait partie mais agira à titre purement personnel[23].» La rencontre aura lieu quelques mois plus tard, à l'Université Laval, en compagnie de l'ethnologue Luc Lacoursière et du Dr Jacques Rousseau. Mis au fait des données archéologiques et hydrologiques, Trudel se rallie alors aux nombreux adhérents des «constatations d'évidence[24]».

ON FERME LES PORTES...

Au moment où la crue du printemps s'apprête à inonder à jamais le site de la Baie des Sauvages, certains observateurs évoquent les 100 millions de dollars que les nations du monde fournissent à la sauvegarde du monument égyptien d'Abou Simbel, menacé par le barrage d'Assouan, et se demandent si on ne peutt pas trouver quelques centaines de milliers de dollars pour la mise en valeur d'un des rares vestiges de nos trois cents ans d'histoire... Mais les derniers appels à la sauvegarde de ce site se heurtent à une fin de non-recevoir de la part du ministre Lapalme : «À la lumière du rapport de messieurs Groulx, Séguin et Trudel, il n'apparaît pas que nous devions insister sur la mise en place de ce dispositif (mur de soutènement) supplémentaire, dont le coût représenterait, à lui seul, le tiers de tout le budget des Affaires culturelles et ceci, en un moment où nous ne pouvons même pas parer à tous les besoins essentiels[25].»

Le ministre écarte délibérément un élément de considération crucial dans cette équation, soit la responsabilité
partagée d'Hydro-Québec, de l'Ontario et des autres juridic-
tions envers le financement du dit mur de soutènement. Il
préfère diminuer les options aux yeux du public et choisit
donc une attitude défaitiste qui permet de désamorcer toute
tentative concertée de sauver le site. Pour ce faire, il a beau
jeu, car il peut compter sur un recul manifeste des éléments
mobilisateurs de l'affaire Dollard dans l'opinion publique.
Les gens ont vite fait d'adopter la version dérisoire de l'exploit
du Long-Sault, la classant du même coup comme une chose
vieillotte à réformer et à oublier dans la foulée de ce qu'on
commence déjà à appeler la Révolution tranquille.

NOTES

1. Daniel Jacques, «Histoire politique du désenchantement de la société québécoise» dans *Les Cahiers d'histoire du Québec au XXe siècle*, Montréal, numéro 3, page 56.

2. Paul Michaud, «Histoire du Canada», *Cité libre*, février 1961.

3. Lettre de François Lessard à Guy Frégault, 6 janvier 1962 ; Fonds François Lessard, Pointe-Fortune.

4. *Idem.*

5. G.-F. Parent, lettre à l'éditeur, *La Presse*, Montréal, 5 janvier 1962.

6. «...le lieu d'inhumation de Champlain», *La Presse*, Montréal, 13 janvier 1962.

7. Guy Frégault, *Lionel Groulx tel qu'en lui-même*, Montréal, Leméac, 1978, page 25.

8. Lettre de Marcel Trudel à Jean Laporte, 14 janvier 1994.

9. Secrétaire général et vice-président respectivement de 1936 jusqu'à la mort de Groulx en 1967.

10. Maurice Séguin, *Historien du pays québecois*, Montréal, VLB éditeur, 1987, pages 37 et 64.

11. Mémo d'Ernest A. Côté à J. R. Coleman, 13 février 1962, Archives nationales, Ottawa.

12. *Mémoires, ibid.*

13. Al Palmer, «Three Named to Probe Dollard's Last Stand», *The Gazette*, Montréal, 10 janvier 1962.

14. Lettre de Guy Frégault à François Lessard, 19 janvier 1962, Fonds F. Lessard.

15. *Revue d'histoire de l'Amérique française*, décembre 1960, page 354.

16. Marcel Trudel, *op. cit.*

17. Jean-Marc Léger, « À propos du débat... », *Le Devoir*, Montréal, 16 février 1962.

18. *Idem.*

19. Lucien Brault, *Histoire des comtés unis de Prescott et Russell*, Conseil des comtés unis, L'Orignal, 1965, pages 124-128. Voir aussi le journal *Le Droit* du 24 février 1962.

20. Formé des historiens Gérard Malchelosse et Lucien Brault, du père Adrien Pouliot et des archéologues Frank Ridley, Vernon Leslie et Charles Garnier de la Société historique de Québec.

21. Lettre de G. Frégault à L. Groulx, 20 février 1962, CRLG.

22. *Ibid.*, 21 février 1962.

23. Lettre de G.-É. Lapalme à François Lessard, 1er mars 1962, Fonds F. Lessard.

24. Marcel Trudel, *op. cit.*

25. Lettre de G.-É. Lapalme à F. Lessard, 23 janvier 1962, Fonds F. Lessard.

Chapitre 10

LES ONTARIENS SE SOUVIENNENT

Trois siècles déjà sont passés depuis que la patrie a été sauvée par le sacrifice de leur vie ; profitons donc de cette ultime occasion pour leur prouver notre reconnaissance. Dans quelques mois le sol qui a bu leur sang sera inondé à jamais et il sera trop tard alors pour poser le geste qui s'impose à une race digne de ces héros[1].

L'on croirait revivre les grands moments des grandioses pèlerinages de Carillon. Mais cet appel à la nation vient d'Antonin Lalonde qui, depuis quelques mois, a pris la relève d'Hector Roy à la présidence du Comité du Long-Sault. Les Ontariens se sentent légitimement habilités à être les porte-parole et propangandistes des pèlerinages à Dollard maintenant qu'il ont établi le véritable emplacement de son fatidique combat. « En effet, notre société nationale a déjoué la double conspiration du silence et de l'inertie qui avait relégué à l'oubli l'importante découverte des vestiges du fort de Dollard des Ormeaux faite il y a quelques années par l'archéologue Thomas E. Lee au pied du rapide du Long-Sault », écrit Antonin Lalonde, qui ajoute que « la partie n'est pas encore gagnée pour la vérité historique, mais elle le sera si tous les vrais patriotes savent faire leur part[2] ».

Lalonde fait parvenir ce plaidoyer à toutes les sociétés Saint-Jean-Baptiste du continent et espère ainsi ramasser suffisamment d'argent pour publier tous les documents pertinents au dossier et poursuivre la campagne de sensibilisation qui, en ce 1ᵉʳ mars 1962, semble bien enclenchée. Les diverses déclarations dans les journaux de Montréal avaient forcé, pour une dernière fois, le chanoine Lionel Groulx à prendre la défense du travail de son comité et aussi à réitérer sa version des faits concernant l'absence *volontaire* du Dʳ Rousseau lors de la fameuse réunion du 6 octobre 1960. Ce dernier déclare à qui veut bien l'entendre que son ami le chanoine a carrément menti [3] sur les raisons de son absence, dans le but d'obtenir de son premier comité fantoche les résultats voulus.

On n'en est pas encore à traiter publiquement le chanoine de menteur. Pour l'instant, les insinuations font bonne presse... et Lalonde se concentre à organiser une manifestation monstre à la Baie des Sauvages, en directe opposition avec les cérémonies de Carillon. Il s'assure aussi de la tenue de nombreuses rencontres publiques où l'historien Lucien Brault et l'archéologue Thomas Lee prennent la parole. L'on espère ainsi mettre suffisamment le gouvernement de l'Ontario dans l'embarras devant ce « scandale », de sorte qu'il n'aura d'autre choix que d'intervenir pour la sauvegarde du site.

On a donc, à juste titre, abandonné les représentations auprès des instances québécoises et canadiennes qui ont constamment déçu les *Sudistes*. Refus d'être à la remorque des instances gouvernementales. Désir d'affirmer la légitimité de ses actions. Appel aux barricades qui indispose grandement les autorités de Québec et d'Ottawa, lesquelles se morfondent devant l'incertitude des choses à venir.

LA MANIFESTATION

Albert Gérin-Lajoie se fait l'heureux complice du Musée national d'Ottawa lorsqu'il fait parvenir cette note :

> Je vois par certains écrits que les divers groupes de pression de l'Affaire Dollard planifient une grande manifestation le 20 mai à la ferme Ross-Lavigne. Il serait de bonne guerre d'avertir les politiciens que leur présence à cette manifestation indiquerait leur acceptation du dit site comme étant légitime [4].

Un tel avertissement ne tombe pas dans les oreilles d'un sourd, comme en témoigne le mémorandum suivant du sous-ministre Ernest Côté :

> Ils espèrent attirer plus de 25 000 personnes sur le site de la "ferme Ross"... et à cause de la nature hautement controversée de cette affaire, je crois qu'il serait prudent que le ministre avertisse ses collègues, des retombées possibles de leur acceptation d'y assister, suite à l'invitation qu'ils ont ou recevront bientôt par la poste [5].

La manifestation est reportée au 24 juin afin de se laisser plus de temps pour l'organiser. La Fédération des sociétés Saint-Jean-Baptiste du Québec refuse de se prononcer sur sa participation aux fêtes *alternatives* et laisse ses constituantes décider de leur appui ou non à l'aile ontarienne du mouvement. À Carillon, les organisateurs habituels, sous la présidence de Charles-Auguste Shaffer, entendent toutefois proposer un modeste programme, le 24 mai, avec la traditionnelle messe en plein air, les corps de tambours et clairons ainsi que les discours au pied du monument, suivis de l'appel des braves personnifiés par dix-sept jeunes gens. Cette fois, les Franco-Ontariens seront absents, eux qui étaient pourtant fort nombreux en 1919. Ils sont plutôt conviés à un endroit tout près de la Baie des Sauvages.

Ce dimanche 24 juin, le mauvais temps est malheureusement de la partie. Une pluie froide et constante vient assombrir les chances d'une participation massive du public. Comme prévu, aucun des politiciens provinciaux ou fédéraux ne se compromet par sa présence. Les quelque 500 convives présents se protègent du mieux qu'ils le peuvent des intempéries et plusieurs choisissent de s'entasser dans leur auto, bien à l'abri, pour assister à la fête. Antonin Lalonde agit comme maître de cérémonie et, malgré le découragement qui l'assaille, il assure l'exécution complète du programme choisi. D'abord l'arrivée d'une flottille de petites embarcations avec à bord de jeunes gens costumés de façon à plonger les spectateurs dans un décor Nouvelle-France ; on peut y voir Dollard et ses compagnons, accompagnés des alliés indiens ainsi que de jeunes dames représentant les veuves des glorieux combattants. Place ensuite aux chants et à la musique d'une fanfare locale pendant qu'on procède à l'érection de dix-sept croix et de dix-sept couronnes sur un terrain adjacent à l'emplacement du fort (celui-ci se trouve maintenant couvert de deux mètres d'eau). Le discours de circonstance est prononcé par Edgar Tissot, grand orateur nationaliste qui, à l'instar des organisateurs de la journée, est membre de l'Ordre de Jacques-Cartier dont il assume le poste de Grand chancelier[6].

Les propos de Tissot s'inspirent des sacrifices déployés par nos ancêtres depuis la présence française en Amérique, en vue de préserver la nation canadienne-française. Le nouveau défi qu'il propose à ses concitoyens en est un d'ordre économique. Les Canadiens français doivent contrer leur traditionnel dédain des affaires et du commerce et prendre leur juste place dans l'arène économique. Les jeunes doivent par conséquent se diriger davantage vers des études en économie. Inconsciemment ou non, Tissot récupère ainsi le culte de Dollard. La boucle est maintenant fermée. La traite des fourrures prend finalement sa juste place dans la raison d'être de la colonie ! La survie de la nation passera de la foi incarnée à l'économie appliquée.

QUE SONT DEVENUS MES AMIS ?

L'exposé de l'orateur prend fin par de généreux applaudissements, accompagnés de timides rayons de soleil. Cette éclaircie permet à une invitée d'honneur de quitter sa voiture et de s'approcher, non sans créer un émoi... Anne Dewar a en sa possession la tête d'une hachette du XVIIe siècle, trouvée il y a plusieurs années sur la grève de la Baie des Sauvages par Charles Kaines. Exhibant avec défi la relique authentifiée, elle attire à elle un attroupement de curieux à qui elle se complaît à raconter tous les préambules à la découverte du fort de Dollard. Malgré son âge avancé (86 ans), elle ne laisse personne indifférent, car sa passion est contagieuse. Elle raconte méthodiquement sa participation aux travaux récents du Comité du Long-Sault auquel elle a soumis tous ses ouvrages publiés.

Anne Dewar a toujours été une femme alerte et combative. Pas un seul article sur Dollard ne lui a échappé ; au besoin, elle a tenté de corriger les imprécisions décelées dans la presse par de promptes lettres aux éditeurs. À la surprise de plusieurs personnes présentes, elle se révèle être l'instigatrice, en juillet 1961, d'une question posée à la Chambre des communes par le député H. W. Herridge (Kootenay-Ouest) de la CCF, à propos de la sauvegarde du site [7].

La journée se termine dans une allégresse relative. Certes, l'avenir du site demeure toujours incertain, mais

Antonin Lalonde est satisfait du travail accompli. Il mise sur l'effet mobilisateur qu'aura la distribution d'un ouvrage de référence de 28 pages, en format tabloïd, auquel il a consacré d'innombrables heures de travail : *La bataille du Long-Sault, ses héros, son site.* Publié à plusieurs milliers d'exemplaires, ce documentaire exhaustif et concluant sur l'affaire Dollard a exigé de la Société Saint-Jean-Baptiste de l'Ontario d'importants sacrifices financiers. Distribué jusqu'en 1963, ce tabloïd est malheureusement vite perçu comme un document d'un passé lointain, une relique en rupture avec les temps modernes. Il n'obtient pas l'effet désiré, car la Révolution tranquille a relégué aux oubliettes une bonne part des traditions, notamment la fête de Dollard. Les préoccupations en ce début des années soixante ont changé. N'est-ce pas les bombes du FLQ qui résonnent au loin ?

Antonin Lalonde se résigne graduellement au verdict de l'indifférence. Il écrira cependant cette observation qu'il voulait prémonitoire.

Les yeux de Mme Dewar brillent intensément lorsque l'on lui parle du site de Dollard qu'elle travailla si fort à préserver pour la population du Canada. Sa confiance ne connaît pas de bornes, et elle affirme calmement, comme elle l'a fait si souvent, pendant plus d'une décennie qu'a duré cette lutte fantastique : *Attendez et vous verrez ! La vérité finira bien par se dégager !*

À peine quelques jours avant son départ pour les fêtes du mardi gras à la Nouvelle-Orléans, Anne Dewar subit une mauvaise chute et se brise la hanche. Elle s'éteint paisiblement dans sa demeure d'Ottawa en novembre 1964. Voilà une femme qui mordait dans la vie à pleines dents et qui ne laissait aucune convention sociale lui dicter ce qu'elle croyait juste et vrai. Elle laissera chez ses proches le souvenir d'une personne généreuse toujours à l'affût d'une façon de venir en aide aux autres [8].

Thomas Lee fonde, en 1963, le *Journal anthropologique du Canada*, premier du genre au pays. En 1964, il obtient de son ami, le Dr Jacques Rousseau qui est depuis 1962 directeur de recherche au Centre d'études nordiques de l'Université Laval, le financement d'une expédition dans l'Ungava. Deux ans plus tard, il est embauché par le Centre et y demeure jusqu'à sa mort en 1982. Un de ses collaborateurs écrira : « À tous les jeunes, il laisse un magnifique exemple d'ardeur au travail, même ingrat, d'honnêteté scientifique intégrale, et de conscience professionnelle au-dessus de tout éloge. [9] »

Jacques Rousseau a maintenant fait la paix avec le chanoine Lionel Groulx, mais il doit refuser une invitation à le rencontrer, le 16 avril 1967. « Je pensais bien être des vôtres hier au dîner, et c'est même pour cela que je n'étais pas sorti de la journée. Mais à la fin de l'après-midi, la chose s'est avérée impossible. Je ne suis qu'un vieux cardiaque sortant à peine de l'hôpital. Je le regrette bien vivement [10]. » Rousseau mourra trois ans plus tard.

À 89 ans, Lionel Groulx est toujours actif; il termine son dernier ouvrage, *Constances de vies*. Il s'éteindra le 23 mai 1967, exactement la veille des célébrations en l'honneur de Dollard des Ormeaux, ce personnage historique qui lui avait apporté de si grandes émotions.

NOTES

1. Antonin Lalonde, communiqué, 1ᵉʳ mars 1962, Fonds SSJBO, CRCCF.

2. *Idem.*

3. Voir la correspondance de J. Rousseau à L. Groulx, *op. cit.* ; *Mémoires* de Thomas Lee, *op. cit.* ; interview de J. Laporte avec F. Lessard.

4. Lettre de A. Gérin-Lajoie à J. D. Herbert, 12 avril 1962, Archives nationales (traduction libre).

5. Lettre de B. Coleman à E. Côté, 7 mai 1962, Archives nationales (traduction libre).

6. Diane P. Legault, « Edgar Tissot laisse le souvenir... », *Le Droit*, Ottawa, 28 septembre 1993, page 13.

7. Débats de la Chambre des communes, 13 juillet 1963, page 7 990.

8. Lettre de Ross Johnson à Jean Laporte, 8 janvier 1994.

9. André Cailleux, nécrologie, *Anthropological Journal of Canada*, volume 21, 1983, page 14.

10. Rousseau, *ibid.*

ÉPILOGUE

Dans le passé, presque tout était fait au prix
du sang. Mais la génération d'aujourd'hui avait
oublié ce prix humain de l'héritage. Elle l'avait
laissé profaner comme une chose de peu.

Félix-Antoine Savard, *Menaud maître-draveur*

Dans la mort, le commando dirigé par le commandant Dollard des Ormeaux a néanmoins atteint ses
objectifs militaires. Les Agniers ne circulent plus avec
impunité sur la Grande Rivière ou rivière des Outaouais.
Preuve à l'appui, Pierre-Esprit Radisson revient d'expédition par ce cours d'eau en 1663, chargé de fourrures
provenant d'aussi loin que la baie James qu'il a atteinte
via le lac Supérieur. Les succès répétés de ce brillant tra-
fiquant de pelleteries créent des remous et attisent une
certaine convoitise. Le gouverneur D'Avaugour tente aussitôt
de récupérer le contrôle de ce commerce lucratif et crucial
par la force arbitraire des taxes et autres avantages que
son pouvoir lui confère. Indigné, Radisson se rend à Boston
et offre ses services à la couronne britannique, espérant
à tort obtenir une plus juste rétribution pour ses efforts
et talents [1].

C'est lors de son premier séjour en Angleterre que
Radisson dicte dans son anglais typique un compte rendu

de ses voyages au Canada afin d'intéresser des investis-
seurs potentiels à ses voyages à la baie James. Voici un
extrait révélateur de ce précieux document qui demeure
inédit dans le *débat officiel* autour de l'affaire Dollard.

Angleterre, hiver 1668-1669.

*"We goe downe all the great river without any encounter,
till we came to the Long Sault, where my Brother some
years before made a shipwrake. Being in that place
we had worke enough. The first wee saw was several
boats the Ennemy had left at the riverside. This putt
great feare in the hearts of our people. Nor they nor we
could tell what to doe ; and seeing nobody appeared
we sent to discover what they weare. The discovers
calls us, and bids us come, that those who weare there
could doe us no harme...*

*All the French though dead were tyed to posts along the
River side, and the 4 Algonguins... It was a terrible spec-
tacle to us, for wee came there 8 days after that defeat
which saved us without doubt... Wee visited that place
and there was a fine Fort : three were about the other
two.*

*Wee went down the river without making any carriage,
and wee adventured very much. As soon as we were at
the lower end many of our wildmen had a mind to goe
back and not to goe any further, thinking really that
all French were killed. As for my Brother and I, wee
did fear very much that after such a thing the pride of
the ennemy would make them attempt anything upon
the habitations of Mount Royal, which is but 30 leagues
(miles) from thence. Wee did advice them to make a
ffort or to put us in one of the ennemies* [2]*...*

Ce texte de Radisson est fort révélateur pour trois
raisons. Il établit d'emblée le rôle militaire et salutaire
du combat de Dollard. Il situe le lieu du combat au milieu
des rapides et il indique la présence de forts aux pieds
des dits rapides, ce qui expliquerait l'erreur légitime en
1686 du chroniqueur, le Chevalier de Troyes.

Nombre d'hommes de science, qui ont daigné étudier toutes les données de l'affaire Dollard, se disent solidaires des conclusions de Tom Lee, qui confirment la rectitude des gestes posés par les combattants du Long-Sault à la Baie des Sauvages. Alors comment expliquer l'absence, dans nos encyclopédies nationales, de cette certitude ? Plus troublant encore, pourquoi ce dénigrement persistant dans notre conscience collective à l'égard du personnage de Dollard des Ormeaux, qui fait encore aujourd'hui les frais du ridicule populaire ? Comment notre conscience nationale peut-elle être ignoble au point de se moquer des actes de bravoure et d'héroïsme qui ont marqué cette époque de notre histoire collective ? Est-ce parce que nous ne pouvons reconnaître des actes semblables chez nos concitoyens autochtones, qui eux aussi peuvent être fiers de leur passé de résistants qui n'ont pas connu l'abdication ? L'Agnier était un excellent guerrier qui, de surcroît, fut d'abord pourvu par les Hollandais, puis par les Anglais, des meilleures armes disponibles à cette époque. L'ennemi iroquois était réel puisque cette guerre franco-iroquoise persista pendant soixante ans.

Oserons-nous encore longtemps inscrire notre présence ici de peuple français d'Amérique comme le simple fruit d'un hasard providentiel ? On ne peut reconnaître la grandeur d'un peuple qu'à sa façon de dire merci à ceux qui l'on vu naître. Oublierons-nous les Dollard des Ormeaux, les Radisson et autres géants de nos humbles origines ? Nous résignerons-nous alors à disparaître ?

À tous ceux qui ont voulu nous guider — Anne Dewar, Tom Lee, Antonin Lalonde, Hector Roy, François Lessard — et à toi, Lionel Groulx, malgré ton égarement passager, je dis : merci !

NOTES

1. Radisson ouvre tout le territoire de la baie d'Hudson pour le compte des Anglais. Insatisfait de ses redevances, il retourne au service de la France et se fait valoir lors de combats aux Antilles. Il meurt dans la pauvreté en 1710.

2. Grace Lee Nute, *Ceasars of the Wilderness*, London-New York, 1943, pages 66-67.

Index

Table des matières